主要税目×会計×法律×ビジネスで
検討漏れ・ミスを防ぐ

「税務マトリックス」ケース30

公認会計士・税理士
石毛章浩【著】

法人税　所得税　消費税　相続税　その他

会計　民法　会社法　労務　ビジネス

中央経済社

はじめに

　私は，監査法人，税理士法人，金融機関を経て独立に至っていますが，すべての業界での経験が本書執筆のタネになっています（詳しくは序章参照）。

　特に金融機関に在籍していた時は，多分野に係る思考の重要性を痛感させられました。普通の税理士・公認会計士は，税務実務，経理実務，又は監査実務といったところで多くを学ぶと思います。しかし，私は「編集」という全く異なる分野で多くを学びました。

　金融機関に在籍していた時，事業承継・資産承継コンサルティング以外に，書籍の編集を任されていました。当時（現在でも），その会社にいらっしゃった顧問の先生方はプロ中のプロばかりでした。税法すべてに精通している先生を筆頭に，資産税のプロ，組織再編税制のプロ，税務訴訟のプロ（本当はプロどころではない，プロ中のプロといった方々です。私にもっと語彙力があれば‼）といった具合に，ひよっこの私からしたら，とんでもない先生方に囲まれていました。これら顧問の先生方は，知識量も経験値もすべてがとんでもないので，当時の私が勝っているものといえば若さくらいのものでした。

　それゆえ，編集をしている手前，どうにも納得がいかないと口を出さざるを得ないこともあり，若さを武器にそれぞれの分野について勉強して議論に挑むわけですが，当然その道のプロにかなうはずがなく，すごすごと退散するような日常を送っていました。例えば，こんな具合です。

- ・S先生：いやいや，もっと税法を体系的に幅広い観点で考えないと。狭すぎ，甘すぎ！
- ・S先生：相続税の解釈を全然わかっていない。もっときちんと条文読んできなさい！
- ・N先生：ちょっとありきたりの視点だよねー。組織再編税制とかおもしろいかもよ？
- ・I先生：難しい論点ですね。会社法と民法をからめて考えてみましょうか？

3

この時代は本当に勉強しましたし，とにかく大変でしたが，とはいえ，そもそも書籍をまとめるという作業が私の肌感覚に合う非常に楽しい業務でした。

　そして，一つのテーマ（例えば，株式の承継）を設定すると，先生方があれやこれやをいろいろ書いてくださるのですが，そのすべての切り口が異なるわけです。一つのテーマ，一つの切り口について様々な角度から切り取るとおもしろいものが出来上がる，これは大発見でした。

　当然，実務においても同じことがいえます。つまり，実務において様々な角度からテーマを設定して検討するならば，同じようにおもしろい発見ができるのでは，と考えました。こういったことを中央経済社の川上さんとざっくばらんに話しているうちに，「漏れなく」「重複なく」といった論理的な思考を取り入れた多角的な書籍を作れないかということになり，本書を執筆する運びになりました。

　本書は，序章においてケース・スタディに共通する考え方を示したうえで30のケースを用意し，様々な視点から切り取ることを目的にしています。読者の皆様に少しでもお役に立てば幸いです。

　最後に，本書の発刊にあたって，中央経済社編集部の秋山宗一氏，末永芳奈氏，川上哲也氏をはじめ，多くの方にご支援を賜りましたことに深く感謝を申し上げます。

　令和6年11月

石毛　章浩

目　次

はじめに・3

序　章　マトリックス的思考方法の重要性 ―――――――― 11

1　雷に打たれたキーワード「網羅性」……………………………… 11

2　最も起こりうるミスは「漏れ」である ………………………… 13

3　チェックリストを作る，早めに対応する。たしかにそうですが…… 14

4　知識をつける＆横展開的思考のすゝめ ………………………… 14

5　なぜ年配の先生は鼻が利くのか？ ……………………………… 16

6　論理的思考との出会い …………………………………………… 17

7　論理的な思考の整理方法－MECE－ ………………………… 18

8　フレームワークを税務に活用できるのか？ …………………… 20

9　5W1Hを切り口にする ………………………………………… 21

10　縦軸を5W1Hに，横軸を税法及び関連分野に ……………… 23

11　本書の全体像 ……………………………………………………… 25

第Ⅰ章　いろいろな論点を網羅していますか？
　　　　（税法×税法 編） ―――――――――――――― 27

ケース1　不動産の移転は怖い!?
　　　　　―法人税×消費税― ……………………………………… 30

ケース2　適格組織再編成で不動産の移転は万全!?
　　　　　―法人税×その他（流通税）― ………………………… 36

ケース3　複数会社の兼務と退職金には要注意！
　　　　　―法人税×所得税― ……………………………………… 42

5

ケース4	短期退職に気をつけても	
	―所得税×相続税― ………………………………	50
ケース5	自己株買いの落とし穴	
	―相続税×所得税― ………………………………	60
ケース6	組織再編成が株式評価に与える影響	
	―法人税×相続税― ………………………………	68
ケース7	組織再編成後の配当には要注意！	
	―法人税×相続税― ………………………………	77
ケース8	見えざる資産　営業権に要注意！	
	―法人税×相続税― ………………………………	85
ケース9	持分なし法人の交際費には気をつけろ	
	―所得税×法人税― ………………………………	92
ケース10	意図せずに不動産収入を上げると	
	―所得税×消費税― ………………………………	96
ケース11	DESで相続財産を減らそうと思ったら	
	―相続税×法人税― ………………………………	102
ケース12	（番外編）印紙税って……？	
	―印紙税×電子契約×電帳法― ……………………	110

第Ⅱ章 いろいろな論点を網羅していますか？
（税法×関連分野 編）――――――――――― 115

ケース13	税務が将来のビジネスに影響を与える⁉	
	―相続税＆贈与税×ビジネス― ……………………	118
ケース14	怖いぞ遺留分！	
	―相続税×民法― …………………………………	126
ケース15	税法が訴訟の決着を変える⁉	
	―相続税＆所得税×民法― …………………………	132

目 次

ケース16 税法上の株式評価
─税法×会計×民法×会社法─ ………………………… 136

ケース17 会計上の株式評価
─税法×会計×会社法─ …………………………………… 142

ケース18 民法上の株式評価
─税法×民法×会社法─ …………………………………… 148

ケース19 最近は特に注意！　未払残業代
─法人税＆所得税×労務─ ………………………………… 153

ケース20 扶養はどっちの話？
─所得税×労務─ …………………………………………… 158

ケース21 安易に税務調整すればよいと言っていませんか？
─法人税×会計─ …………………………………………… 164

ケース22 単純ではない税効果会計
─法人税×会計─ …………………………………………… 170

ケース23 組織再編成と従業員持株会
─法人税（法人住民税）×民法─ ………………………… 178

ケース24 （番外編）Excelを過信していませんか？
─税法×PC─ ……………………………………………… 184

第Ⅲ章　時期・期限・期間に注意！ ──────────── 187

ケース25 あるある青色申告の承認申請漏れ
─法人税＆所得税×期限─ ………………………………… 191

ケース26 法人成りは所得税と法人税だけじゃない！
─所得税＆法人税＆消費税×期間─ ……………………… 197

7

第Ⅳ章 **役割分担に注意！** ———————————————— **203**

ケース*27* 他の専門家に消費税の論点を伝えていますか？
　　　　　—税法×他の専門家— ………………………………… **206**

ケース*28* 畑違いの分野は守備範囲になりませんよ！
　　　　　—税法×他の専門家— ………………………………… **211**

ケース*29* 税理士がスキームを策定するならば
　　　　　—税法×他の専門家— ………………………………… **215**

第Ⅴ章 **なぜなのか？　どうしてなのか？**
理由・目的の理解こそが最重要 ———————— **221**

ケース*30* まずは理由・目的を確認すべし
　　　　　—税法＆関連分野×理由・目的— ………………………… **224**

凡　例

＜法令等＞

所法	………………………	所得税法
所令	………………………	所得税法施行令
法法	………………………	法人税法
法令	………………………	法人税法施行令
相法	………………………	相続税法
消法	………………………	消費税法
消令	………………………	消費税法施行令
措法	………………………	租税特別措置法
措令	………………………	租税特別措置法施行令
措規	………………………	租税特別措置法施行規則
地法	………………………	地方税法
地令	………………………	地方税法施行令
所基通	………………………	所得税基本通達
法基通	………………………	法人税基本通達
相基通	………………………	相続税法基本通達
評基通	………………………	財産評価基本通達
消基通	………………………	消費税法基本通達
電子帳簿保存法	………………	電子計算機を使用して作成する国税関係帳簿書類の保存方法等の特例に関する法律
円滑化法	………………………	中小企業における経営の承継の円滑化に関する法律
円滑化省令	……………………	中小企業における経営の承継の円滑化に関する法律施行規則

＜表示例＞

法法22③一	………………………	法人税法第22条第3項第1号

　本書は，令和6年4月1日現在の法令，通達によっています。

序　章

マトリックス的思考方法の重要性

1　雷に打たれたキーワード「網羅性」

　最初から税務と違う話題となり恐縮ですが，私の仕事の原体験は，会計監査の世界でした。学生生活が終わり，まず会計監査の業界に入った私は，公認会計士（修了考査といわれる最終試験に合格していないため，厳密には公認会計士ではありませんでしたが）の卵として，上場企業などの会計監査に携わりました。

　当然，試験に合格しても実務は全くわかっていないため，右も左もわけがわからず，当時は親分・子分のいわゆる徒弟制度がまだ残っていた時代でしたので，先輩は何も教えてくれず，背中を見て学べといった状態でした（とは言っても，質問すれば教えてくれましたが）。そのため，まずは前期の監査調書を見様見真似でなぞって，ひたすら会社の担当者に当たっては砕けろ的な監査をしていました。当時の担当クライアントの方には頓珍漢な質問も数多くしたと思いますし，日本を代表する企業様を相手になんて無茶なことをしていたのだろうかと，思い返せば冷や汗ものです。おかげで度胸はつきましたが……。

　そんな中，とある監査先での出来事は今でも忘れられず，また，私の仕事の礎の一つになっています。その監査先の現場責任者（公認会計士の世界では，主査やインチャージといいます）は，他の親分の先輩に比べて非常に親切に監査の手続きを教えてくださる方で，新人会計士の私はいたく感動し，また同時にいろいろと質問攻めをしていました。

　その中で，忘れられない出来事があります。当時出張だったと記憶しているのですが，帰りの東海道新幹線が静岡県を抜けるあたりで，先輩が唐突に質問をしてきました。曰く，

> **先輩**：石毛君，監査における永遠の課題って何だと思う？
> **石毛**：(……永遠の課題？　うーん，急に言われても。) すみません，全く見当つきません……。
> **先輩**：網羅性だよ，網羅性。あるものについて，正しい，間違っているの判断は簡単。けれども，最初から隠されていたら，手のつけようがない。網羅性は永遠の課題だよ。
> **石毛**：網羅性！！

　何気ない会話でしたし，おそらく先輩は何気なしに質問してきたのだと思います。しかし，新人会計士の私は雷に打たれたような衝撃を受けました。

　当時の監査の視点（監査要点）とは，主に次の6つでした。

- 実在性（あるのかないのか）
- 網羅性（すべてか一部か）
- 権利と義務の帰属（会社の権利か，義務か）
- 評価（適切な価額か）
- 期間配分（正しい期間か）
- 表示（適切に表示（開示）されているか）

　公認会計士の試験には監査論という科目があるため，これらの監査要点について勉強するわけですが，当然，実例にあたって監査要点を勉強するわけではなく，あくまで教科書上の理屈で勉強しているに過ぎないため，あまり深くは考えていませんでした。

　悪魔の証明では，「ないことを証明しろ＝すべてを証明しろ」という表裏一体の関係がありますが，網羅性はまさしくこれに通じる話です。監査をする中でも，帳簿上の数値の検討は，困難はあるものの山の頂が見えている状態なので，あとはどう登るのかというルートの問題です。つまり，いかにプロセスが難しくとも，それが正しいか否かの検討はしようがあります。しかし，そもそも帳簿上の数値が本当にすべてなのかという点は，究極的には立証不可能です。

序　章　マトリックス的思考方法の重要性

例えば，故意にしろ，過失にしろ，経理の方がタクシーの領収書を記帳する前に誤って廃棄した時点で，交通費の勘定科目は完全ではなくなります。これは暴論にしても，帳簿に移る前段階でのミスを完全に検証して，漏れなく勘定科目が成立していることを監査で立証することは不可能ということを身に染みて感じました。

　以降，数年にわたって監査法人で監査をするわけですが，「網羅性」の議論が出るたびに，当時の先輩との会話を思い出し，これは永遠の課題であり，おそらく未来永劫，解決不可能な監査の論点なのだろうなと思ったものです。

2　最も起こりうるミスは「漏れ」である

　さて，監査法人を退職した後，税理士法人や金融機関を経験し，最終的には一公認会計士・税理士として独立したわけですが，どの業界においても，「漏れはない？」「本当に全部？」という問いを上司・先輩・お客様から必ず投げかけられました。そして，そのたびに「網羅性」というキーワードが私の中に刻まれて，今の仕事観を形成していると言っても過言ではありません。

　例えば，税理士としてお客様から何かを質問されるとき，クローズドクエスチョン（Aに税務リスクはありますか？）は，深掘りさえすれば，着地点が見えてくることが多いと思います。少なくとも，論点が明確ならば問題の半分は解決したも同然です。一方，オープンクエスチョン（Bについてどう思いますか？）に対して適切な答えを出すためには，幅広い税務の知識・経験が必要です。そして，この幅広いというのが曲者で，まさに網羅性に当たります。

　おそらく読者の税理士・公認会計士，あるいは会計・税務に携わられている方は，「やばい！　この論点は検討していなかった……」という経験がおありかと思います。法人税を検討していたのに，消費税の論点が抜け落ちていた，相続税を検討していたら民法が抜け落ちていたなどなど，枚挙に暇がないでしょう。つまり，論点Aの深掘りをすることはできますが，横展開，論点B，C，Dとなってくると，果たしていくつ論点があるのか，まさに「これがすべてなのか？」という永遠の課題にぶち当たり，疲弊していくことになります。

13

3 チェックリストを作る，早めに対応する。たしかにそうですが……

　では，この網羅性を補完するためにはどのような対策があるでしょうか。例えば，次のような方法が考えられます。

> ・チェックリストを作る
> ・「ヒヤリハット」事例を共有する
> ・なるべく早く案件に対応する
> ・同じ会社・事務所のメンバーと活発にコミュニケーションをとる
> ・勉強会に参加して知識を広げる・深める

　なるほど，たしかにこれらの方法によって，網羅性に限らず税務上・会計上の多くのミスを防ぐことができると思います。しかし，これらの方法の欠点は，いわゆる積み重ね的発想，帰納的な方法に帰結しているのでは？　という点です。実務をやっていると，日々何らかの新しい事象に遭遇します。そして，その都度何かを発見し，学ぶことが多い。しかし，考え方の軸がないと，知識・経験の積み重ねがただ増えていくだけで，おそらく網羅性という罠から抜け出すことはできないと思います（とは言っても，この積み重ねで命拾いをしたことも数知れずですが……）。

4 知識をつける＆横展開的思考のすゝめ

　それでは，網羅性という論点をカバーするために，積み重ね的発想・帰納的発想とは逆の発想として何が考えられるでしょうか。この解は当然に，積み重ね的発想とは逆の視点，すなわち一般化的発想・演繹的発想にあると思います。
　高校時代に，数学の授業で演繹法・帰納法という考え方を学んでから，私の思考法を色分けするに演繹法が肌に合っていると考えています。帰納法が重要な考え方であることは，言うに及びません。実務においても，具体例・実例を

序　章　マトリックス的思考方法の重要性

踏まえながら，原理原則に落とし込んでいくことは非常に重要です。しかしながら，帰納法はどうにも納得しがたい点があります。つまり，漏れがないかの議論をしているのに，発生した現象から網羅性についての一般的な原則を導くというのが，どうにも腑に落ちないのです。それよりも，網羅性をカバーするために，原理原則が物事の中心にあって，そこから具体化を図るほうが，思考としてはスムーズな気がしてなりません。そんなことを，会計・税務の業界に入ってかれこれ20年近くですが，考えています。

また，大学院で指導していただいた品川芳宣先生は税法の権化のような方で，まず原理原則ということを徹底的に教えられました。先生は，国の視点（徴税の視点），研究の視点（中立の視点），納税者の視点（節税の視点）など，いろいろな視点を経験して研究しておられ，様々な視点の原理原則というものを持っておられました。税という分野において，ある意味で究極的には利害が対立する国と納税者のそれぞれについての原理原則というのは非常に興味深いものであり，おそらく，その原理原則に沿った思考方法というものが，私の中でかなり息づいているのかもしれません。

いずれにせよ，網羅性をどのようにカバーするのか，この思考方法を考えることが本書のテーマです。

では，どのような演繹的方法が考えられるのか。結論は，**知識＆横展開的思考（マトリックス的思考）**です。

まず，会計・税務の世界にいる以上，知識は大前提です。これがないと，いかにその思考方法，フレームワークがあっても意味がありません。大工さんがたくさんいても，建材がなければ家は建ちません。まずは，会計・税務の知識を増やしていくことが何よりも重要です。

次に重要なことは何か。ここが本書の最大のテーマなのですが，横展開的な思考です。つまり，増やした知識を建材とするならば，その建材をどのように組み立てるのか，その設計図的なものを横展開的な思考として考えています。しかし，横展開的な思考と言ってもなんのこっちゃかと思います。おそらく，この思考方法というのは，千差万別であり，ベストなものはないと思います。もしくは，個々人にとってはベストなものがありうるということかもしれませ

15

ん。知識を深めることによる縦方向の思考、網羅性をカバーするための横方向の思考、そしてそれらを組み合わせて完成するマトリックス的思考方法。この思考方法が、私が実務で心がけている指針です。

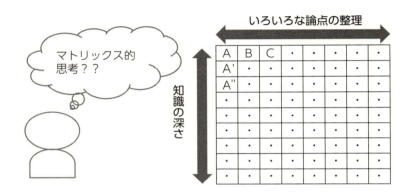

5　なぜ年配の先生は鼻が利くのか？

　演繹的な思考方法で税務の問題を解決できないか？　これが、本書の最大のテーマです。演繹法といっても、各税法の条文がすべてであり、それをすべて網羅することが究極的な演繹法といえます。しかし、ここ数十年で条文の数は異常なスピードで増加しています（特に租税特別措置法！）。まず、通常の人間では条文をすべて頭に入れるのは不可能であると思います。ゆえに、AIが税理士を駆逐するといわれているのかもしれません。

　では、どうすればよいでしょうか。

- 条文を暗記せずとも、税務の勘所を養うこと
- あれ？　何かおかしいな？　と疑問点がふと出てくるような状態にすること

　こういった状態に自分の思考を常に置くことが重要なのではないでしょうか。税理士や公認会計士のうち、特にご年配の先生方を見ていると、なぜか帳簿や

申告書をざっと見て,「あれ？」と言って確認した結果,ミスを見つけるといった「鼻の利き方」が非常に優れていると感じることが多々あります。これは名人芸であると思うのですが,しかし,鼻の利き方にも必ず何らかの思考プロセスが介在しているはずです。この例はおそらく「経験知」というカテゴリーに入るかもしれませんが,経験がさほどなくても努力と姿勢でカバーできるような思考方法が何かないか探っていきたいと思います。

6　論理的思考との出会い

　話は若干変わりますが,私は,監査法人,税理士法人,金融機関,そして独立という道を辿って現在に至ります。その中で,監査法人及び税理士法人と,金融機関とで,仕事に対する考え方が根本的に違ったことを感じています。

　監査法人及び税理士法人での業務は,大方はすでに問題が提起されていました。この会計処理は？　この税務処理は？　といった具合で,最初から問題が設定されていたので,あとは適切な解を導くことができれば合格です。それこそ優秀な同業者はたくさんいますし,専門的な書籍もたくさんあるわけですから,とてつもなく難解な,もしくは実務で今まで遭遇しなかった論点でなければ,ある程度の水準までは行き着くことができると思います。

　一方,金融機関では,とりあえず初対面のお客様とアポイントが取れたら,何かしら話をして成果を上げてくるという前提でした。つまり,お客様から宿題をもらっていない状況で,課題を想像しながら何らかの解決策を練り上げるという,それまでの仕事のスタイルとは180度違うものであり,非常に苦労しました。

　大事なことは次の2点です。

| ①お客様は困っていないか？ | …… | 課題とニーズの発見 |
| ②その解決策は？ | …… | 解決方法の発見 |

　最も難しいのは,①課題とニーズの発見です。最初から課題の設定があるのとないのとでは,その労力の次元が違うことを身に染みて感じました。そして,

この課題はやみくもに質問しても見つかるものではないので，ここで初めて，いろいろな角度からお客様と話してみて，漏れなく正確にニーズを汲み取る質問を投げかけることの重要性を痛感したものです。しかし，そうは言ってもどうすればよいのか，雲をつかむような話で困っていました。

　そんな中，同僚のふとした助言にハッとしました。この悩みを相談したところ，「分解すればだいたい見えてくる」と言われたのです。彼は金融機関の前職でコンサルティング会社に勤務しており，その時の上司にこう言われたそうです。なるほど，「分解すれば見えてくる」。おもしろい言葉だなと思って詳しく聞くと，論理学の思考方法の一つで，情報をカテゴリー別に分解していって，一覧化していくと，物事の本質がよく見えてくるということを彼は言っていました。そのうえで，まずは一冊，論理学の本を読んでみたら？　と勧められました。その日の帰りに東京駅の丸善に立ち寄り，『ロジカル・シンキング』という書籍に出会いました。この書籍は，論理的な思考のプロセスについて詳述しているのですが，ここで初めてMECEという技術を学ぶことになります。

7　論理的な思考の整理方法－MECE－

　MECE（ミッシー）とは，「Mutually Exclusive and Collectively Exhaustiveの頭文字をとったもので，「ある事柄を重なりなく，しかも漏れのない部分の集合体として捉えること」を意味する。ちょうど，全体集合を漏れも重なりもない部分集合に分けて考える，集合の概念と言えばわかりやすいだろう」と説明されています[1]。

　私は論理学の専門家ではないので，MECEを本質的に理解できているのか心もとないのですが，ちょうどパズルのようなものをイメージしています。つまり，全体の情報をパズルの最終版として，その切り取り方をいろいろな側面で考えていくことと考えています。

1　照屋華子＝岡田恵子『ロジカル・シンキング』（東洋経済新報社，2001年）58頁。以下，本書籍を参照して記載。

18

序　章　マトリックス的思考方法の重要性

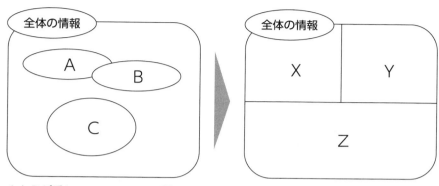

AとBが重なっている　⇒　重複あり
全体の中に空白がある　⇒　漏れあり

ＸＹＺに重なりがない　⇒　重複なし
全体の中に空白がない　⇒　漏れなし

　例えば，年末調整に必要なことを教えてください，という非常にバクっとした質問があったとします。この場合，読者の皆様はどのようにお客様に説明しますか？　扶養控除等申告書という書類があって……といったように必要書類から説明するか，あるいは，まず目的から説明するか，これは様々であり唯一の答えはありません。
　ではどうすればよいか。思うに，MECE的な発想から重要なことは，年末調整を全体の情報とした場合に，それをいろいろな角度から分解して，その分解した情報を整理してお客様に提示することであると考えます。
　まず，年末調整の情報を分解すると，どういった側面で切り取ることができるでしょうか。
　例えば，カテゴリーとして次のような分け方はいかがでしょうか。

19

それぞれのカテゴリーに応じてさらに説明を付していくと，概ね次のような
イメージになると思います。あとは，項目それぞれについての論点を深掘りし
ていけば，年末調整の説明としては概ね問題がなさそうです。

＜年末調整の説明（一例）＞

①	項目	必要書類（扶養控除等申告書　他……）
②	対象者	年末に在籍している従業員
③	時期	12月もしくは１月の給与支払いまで
④	方法	紙 or 専用のソフト
⑤	理由	簡便的な所得税の申告のため

8　フレームワークを税務に活用できるのか？

元々，MECEは経営コンサルティングでの活用が想定されていると思います
が，経営学の世界には，様々なフレームワークが存在します。例えば，MECE
の活用において便利なフレームワークとして，３Ｃ（あるいは４Ｃ）分析と４
Ｐ分析などが紹介されています。

３Ｃ（あるいは４Ｃ）分析	……	事業・会社・業界分析
４Ｐ分析	……	マーケティング分析

事業や業界を分析するうえで，その情報を顧客・市場（Customer），競合
（Competitor），自社（Company），チャネル（Channel）にカテゴライズした
ならば，事業や企業，業界の現状を整理できているといえます。あるいは，顧
客層に対するマーケティングを考えた場合に，製品（Product），価格（Price），
場所（Place），訴求方法（Promotion）にカテゴライズしたならば，マーケ
ティングの重要なポイントは外していないといえます[2]。

このように，年末調整のような完全に分解可能な情報でなく，自社分析や

2　照屋＝岡田・前掲注１・65頁など

序　章　マトリックス的思考方法の重要性

マーケティング分析といった抽象的な概念についても，経営学におけるフレームワークを駆使することで，漏れなく，重複なく分析できるとされています。

他にも，経営学のフレームワークとして，代表的には次のようなものがあります。

・PEST
・SWOT
・バリューチェーン
・製品ライフサイクル……

税務の世界において，経営学で開発されたフレームワークに近しい何かを作り上げることができるならば，かなりおもしろい発見になると思います。あるいは，事象ごとに最適なフレームワークを当てはめて最適解を導出できれば，お客様に付加価値を提供できるかもしれません。

しかしながら，私自身，日々の業務でいっぱいいっぱいな状況で，いろいろなフレームワークを駆使して，最適解を導くことは到底できそうにありません。また，そもそも経営学を専攻したことはなく，公認会計士試験の試験科目である経営学を少しかじった程度なので，本当にこのフレームワークというものを理解しているのか甚だ疑問です。

では，MECEの発想を会計・税務の世界にどのようにして落とし込んで，漏れなく，重複なく答えを導けばよいでしょうか。この問いに対する私の一つの解は，5W1Hの思考を税務の世界に落とし込むということです。

9　5W1Hを切り口にする

さて，読者の皆さんに質問です。

問：起床してから，お昼まで何をしたか説明してください。

いきなり何だ？　と思わず，一度自問自答していただきたいのですが，いかがでしょうか？

答：朝起きて，まず顔を洗い食事をとった。その後身なりを整えて，電車で会社に通勤し，まずはメールのチェックをして，会議に参加した。お昼になったので，同僚と食事に行った。

　おそらく，それほど困難を伴わずに説明することができると思います。
　では，次の質問です。

問：会計・税務の世界を考えるに，どのような登場人物（「人」に限らず，登場してくるモノすべて）がいますか？

　先ほどの「起床してから……」の問いよりはるかに難しいと思います。この問いに対する私なりの解は次のとおりです。

答：税法であり，会計基準であり，納税者であり，経理部であり……，といった具合で，会計・税務の実務において関係しているものすべて

　「え，何を言っているの？　バカなの？」と呆れないでいただきたいのですが，実はこの問いはかなり重要です。先ほどの年末調整の話，あるいは「起床してから……」のように，限定した情報を切り取ることはさほど難しくありません。しかし，限定された情報ではなく，抽象的な情報，あるいは範囲が限りなく広い情報になっていくと，その情報の切り取り方は非常に難しくなります。
　しかし換言すると，税務実務における登場人物を，会計・税務及びその関連分野で，一定の視点において切り取ることができるならば，情報を網羅的にカバーできるということになります。では，どのような切り取り方が考えられるでしょうか。
　もう一度，最初の「起床してから……」の問いを考えてみます。なぜこの問いに対する回答が簡単かというと，もちろん記憶している限定的な情報だからという点が大きいのですが，もう一点は，時系列に沿って，自分を視点として，いろいろな側面から説明がしやすいからです。

序　章　マトリックス的思考方法の重要性

> 答：①朝　②（私が）　③起きて，まず顔を洗い食事をとった。その後身なりを整えて，　④電車で　⑤会社に　③通勤し，まずはメールのチェックをして，会議に参加した。　⑥お昼になったので，　②同僚と　③食事に行った。

＜答を５Ｗ１Ｈに整理した場合＞

①	いつ	朝
②	誰が	私が／同僚と
③	何を	起きて，……／通勤し，……／食事に……
④	どのように	電車で
⑤	どこに	会社に
⑥	なぜ	お昼になったので

　答え方として５Ｗ１Ｈが理路整然と埋め込まれているため，まさに漏れなく，重複なく説明していることになります。普段ビジネスメールを作成するときにも，必ず，主語・述語に加えて，目的物，時系列などに気を配ると思いますが，このことで，自然と「漏れなく，重複なく」を実現できているわけです。

　では，この問いから何を言いたいのか。それは，税務の世界において５Ｗ１Ｈを組み込んだ発想をすることで，「漏れなく，重複なく」が可能になるのではということです。

10　縦軸を５Ｗ１Ｈに，横軸を税法及び関連分野に

　まず，先ほどのMECEを考えた場合に，「漏れなく，重複なく」を命題とした思考方法は，縦軸，横軸的発想が非常に重要になります。では，どのようにこの縦軸，横軸を切り取るのかという点ですが，私のおススメは，５Ｗ１Ｈです。

　５Ｗ１Ｈとは，おおよそ次のような状態であると定義されています。

23

①	When	いつ	時間・期限
②	Where	どこで	場所
③	Who（m）	誰が（，誰に）	当事者
④	What	何を	対象
⑤	Why	なぜ	理由・目的
⑥	How	どのように	手段・程度

　ものの本では，５Ｗ２Ｈや６Ｗ１Ｈなど多くの派生がありますが，５Ｗ１Ｈが一番シンプルでわかりやすいので，５Ｗ１Ｈをもとにしていきます。

＜税法に置き換えた場合＞

①	When	いつ	時間・期限	申告・申請・納付期限
②	Where	どこで	場所	国内 vs 国際
③	Who（m）	誰が（，誰に）	当事者	役割分担
④	What	何を	対象	税法・関連分野
⑤	Why	なぜ	理由・目的	税務処理の理由・目的
⑥	How	どのように	手段・程度	税務処理の内容・影響

　そして，横軸としては，税法やその関連分野を考えてみるのはいかがでしょうか。例えば，横軸の一列ごとに各税法，会計，民法，労務などを当てはめていくイメージです。

<table>
<tr><td colspan="2" rowspan="2"></td><td colspan="12" align="center">税法や関連分野を横軸に</td></tr>
<tr><td colspan="5" align="center">税法</td><td colspan="5" align="center">関連分野</td></tr>
<tr><td></td><td></td><td>法人税</td><td>所得税</td><td>消費税</td><td>相続税</td><td>その他</td><td>会計</td><td>民法</td><td>会社法</td><td>労務</td><td>ビジネス</td></tr>
<tr><td>What</td><td>対象</td><td></td><td></td><td></td><td></td><td></td><td></td><td></td><td></td><td></td><td></td></tr>
<tr><td>How</td><td>手段・程度</td><td></td><td></td><td></td><td></td><td></td><td></td><td></td><td></td><td></td><td></td></tr>
<tr><td>When</td><td>時間・期限</td><td></td><td></td><td></td><td></td><td></td><td></td><td></td><td></td><td></td><td></td></tr>
<tr><td>Who (m)</td><td>当事者</td><td></td><td></td><td></td><td></td><td></td><td></td><td></td><td></td><td></td><td></td></tr>
<tr><td>Where</td><td>場所</td><td></td><td></td><td></td><td></td><td></td><td></td><td></td><td></td><td></td><td></td></tr>
<tr><td>Why</td><td>理由・目的</td><td></td><td></td><td></td><td></td><td></td><td></td><td></td><td></td><td></td><td></td></tr>
</table>

５Ｗ１Ｈを縦軸に

序　章　マトリックス的思考方法の重要性

　一例で示すならば，今から年末調整の業務を行うとします。そうすると，お
そらく年末調整の担当者（人事部や経理部の方）は，どの書類を要求するの
か？　いつまでに？　どうやって？　税理士はどこまでしてくれるのか？　社
労士とも契約しているけどすみ分けは？　といった具合にいろいろと疑問点が
生じると思います。

　このときに，横軸の主題は税法−所得税法，縦軸の主題は，What（どの書
類が必要？），When（いつまで？），How（どのようにして集める？　クラウ
ドシステムを使う？），Who（誰がやるの？　経理部？　税理士？　社労士の
立ち位置は？）として考えると，整理が可能になると思います。

		税法				
		法人税	所得税	消費税	相続税	その他
What	対象					
How	手段・程度					
When	時間・期限					
Who (m)	当事者					
Where	場所					
Why	理由・目的					

		所得税
What	対象	必要書類（扶養控除等申告書　他……）
How	手段・程度	紙 or 専用のソフト
When	時間・期限	12月もしくは1月の給与支払いまで
Who (m)	当事者	年末に在籍している従業員
Where	場所	社内 or 税理士事務所
Why	理由・目的	簡便的な所得税の申告のため

11　本書の全体像

　本書のテーマは，税務の世界に縦軸・横軸的思考（マトリックス思考）を持
ち込むことです。次章以降では具体的な設例として30のケース・スタディを用
意しました。一つひとつのケース・スタディについて，様々な論点を横展開的
な視点から一緒に考えていきます。本書の全体像は次のとおりです。

25

税法や関連分野を横軸に

		税法					関連分野				
		法人税	所得税	消費税	相続税	その他	会計	民法	会社法	労務	ビジネス
What	対象	第Ⅰ章					第Ⅱ章				
How	手段・程度										
When	時間・期限	第Ⅲ章									
Who (m)	当事者	第Ⅳ章									
Where	場所										
Why	理由・目的	第Ⅴ章									

5W1Hを縦軸に

＜各章の内容＞

第Ⅰ章	……	税法間の整理
第Ⅱ章	……	税法と関連分野の整理
第Ⅲ章	……	税法と時間・期限・期間の整理
第Ⅳ章	……	税法及び関連分野と当事者・場所の整理
第Ⅴ章	……	税法及び関連分野と理由・目的の整理（まとめ）

　上記の全体像は，どの部分について，どのような視点で考えているのか，その地図になります。これから様々なケース・スタディを見ていきますが，どのようなケースに当たった場合でも，まずはその全情報をいろいろな角度から切り取ることをお勧めします。そうすると，見えていなかった情報や，漏れていた事実などがあぶり出されてきます。特に「漏れ」といった点について，意識しつつお読みいただければと思います。

　なお，目次をざっと見て興味がありそうな分野だけをお読みいただくことでも構いませんし，自分なりに漏れなく，重複なくを考える場合にこういった方法がある，といったことを自問自答いただくこともまた重要かと思います。おそらく，読者の方一人ひとりの視点で，この縦軸・横軸の展開方法は異なるでしょう。これが正解ということを申したいわけではなく，思考方法として，縦軸・横軸の考え方を税務の世界に持ち込んでいただければ，望外の喜びです。

第Ⅰ章

いろいろな論点を網羅していますか？

（税法×税法 編）

税法や関連分野を横軸に

		税法					関連分野				
		法人税	所得税	消費税	相続税	その他	会計	民法	会社法	労務	ビジネス
What	対象	第Ⅰ章					第Ⅱ章				
How	手段・程度										
When	時間・期限	第Ⅲ章									
Who (m)	当事者	第Ⅳ章									
Where	場所										
Why	理由・目的	第Ⅴ章									

5W1Hを縦軸に

No.	題　名	項　目
1	不動産の移転は怖い!?	法人税×消費税
2	適格組織再編成で不動産の移転は万全!?	法人税×その他（流通税）
3	複数会社の兼務と退職金には要注意！	法人税×所得税
4	短期退職に気をつけても	所得税×相続税
5	自己株買いの落とし穴	相続税×所得税
6	組織再編成が株式評価に与える影響	法人税×相続税
7	組織再編成後の配当には要注意！	法人税×相続税
8	見えざる資産　営業権に要注意！	法人税×相続税
9	持分なし法人の交際費には気をつけろ	所得税×法人税
10	意図せずに不動産収入を上げると	所得税×消費税
11	DESで相続財産を減らそうと思ったら	相続税×法人税
12	（番外編）印紙税って……？	印紙税×電子契約×電帳法

（注）各ケース・スタディはそれぞれのケースに特化したシミュレーションのみを行っているため，記載されている以外の各種条件は満たしているものとします（以下，各章においても共通）。

1 税法間におけるWhat・Howの論点

まず，税理士・公認会計士あるいは経理部の方が細心の注意を払うべき論点は，「税法×税法」です。一つのケースにおいて複数の税目が関係してくる場合に，その税目について漏れなく，重複なく，確認する必要があります。

本章では，代表的な税法（法人税・所得税・消費税・相続税及びその他関連する税法）について，What，Howを縦軸に，そして，税法を横軸に置いた横断的な思考方法について考えてみたいと思います。

2 税法間の整理

まず，WhatとHowを縦軸に置くことについて定義します。この考え方も様々あろうと思いますが，ここでは，WhatとHowもまた，税法として捉えました。すなわち，税法×税法の考え方を主題として，各項目（何の税目か，どのようなスキームなのか）について「漏れなく，重複なく」整理しています。

例えば，法人税についてばかり気を取られていたところ，実は消費税に隠された論点があった場合や，法人税のためにスキームを考えたものの，相続税の観点からは大きな落とし穴があった場合などを想定しています。

ケース・スタディに対応する税目は次のとおりです。ケース・スタディの目次代わりにご活用いただきたいと思います。

第Ⅰ章　いろいろな論点を網羅していますか？（税法×税法編）

各税目を横軸に

		税法				
		法人税	所得税	消費税	相続税	その他
What How	法人税		*3・9*	*1*	*6・7・8・11*	*2*
	所得税	*3・9*			*10*	*4・5*
	消費税	*1*	*10*			
	相続税	*6・7・8・11*	*4・5*			
	その他	*2*				*12*

各税目を縦軸に

（注）上記マトリックスは，縦軸として法人税を検討していたら，横軸の消費税も検討する。あるいは，消費税を検討していたら，法人税も検討するといった目線でご活用ください。マトリックスである以上，双方向の見方が大切であることを示しています。

　それでは，これからケース・スタディを一緒に見ていきます。登場人物は，税理士Ｉ先生と彼を取り巻く人たちです。読者の皆様は，Ｉ先生たちの会話を読みながら，横軸で考えた場合の問題点やポイントなどを一緒に考えてみてください。

＜登場人物紹介＞

人　物	性格・背景	ケース
税理士Ｉ先生	独立10年目の税理士。勉強熱心だが，早とちり。もう少し俯瞰して物事を見たいと日々反省。	すべて
従業員Ｓくん	Ｉ事務所の従業員。根はまじめだが単純＆強気。根拠なき自信でＩ先生がたじたじになる。	*6・7・8・12*
社長Ａさん	Ｉ先生の昔からの顧問先。様々なビジネスに挑戦するアイディアマン。	*1・2・3・4・10・11*
社長夫人Ｋさん	Ｘ社社長の奥様。	*5*
医師Ｇさん	医師。個人開業の頃からＩ先生の顧問先。	*9*

29

ケース1

不動産の移転は怖い!?
—法人税×消費税—

		税法				
		法人税	所得税	消費税	相続税	その他
What How	法人税			○		
	所得税					
	消費税	○				
	相続税					
	その他					

<ケースの概要>
不動産を移転する場合，税務上は様々な論点に派生し，また，不動産の規模によっては，税額が多額に発生することもあります。
本ケースでは，土地の移転が法人税及び消費税に影響することを横断的に確認していきます。

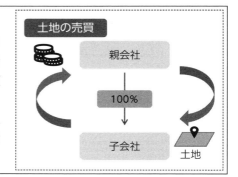

Case

Aさん：会社を親会社，子会社の2社持っているんだけど，土地を100％子会社に集めたいんだ。幸い，子会社はたくさんお金があるし，親会社から買い取れそうだよ。

I先生：なるほど，売買されるのですね？

Aさん：うん，単純だし。どうかな？

I先生：いいですね。単純なのが一番です。法人税にはグループ法人税制という制度があるので，仮に親会社側で土地の売却益が生じたとしても法人税は生じません。ですから，税負担なしで移転可能ですよ。

Aさん：それはよかった。早速進めるね。

第Ⅰ章　いろいろな論点を網羅していますか？（税法×税法編）

1　落とし穴＆ポイント

落とし穴

税負担なしで移転可能ですよ。

ここがポイント

着眼点として，法人税しか考慮していません。特に，土地を含んだ不動産の売却をする場合には，消費税のインパクトが非常に大きくなるため，必ず消費税も考慮しましょう。

2　ポイントの整理

(1)　法人税の取扱い

　本ケースでは，完全支配関係（100％の支配関係）にある親子会社間で土地の売買を行うことを計画しています。完全支配関係における一定の固定資産の売却に係る譲渡損益は繰り延べられるため（法法61の11①），本ケースにおける土地の売却益に係る法人税は，取引時点において生じないことになります。
　例えば，本ケースにおいて，土地の時価が300,000千円，帳簿価額（税務と会計は一致）が50,000千円と仮定するならば，親会社及び子会社において次の会計処理及び税務調整が行われます。

（親会社） （単位：千円）

借方	金額	貸方	金額
現金	300,000	土地	50,000
		固定資産売却益	250,000

⇓　（税務調整）

＜減算・留保＞	
繰延譲渡損益	250,000

（子会社） （単位：千円）

借方	金額	貸方	金額
土地	300,000	現金	300,000

　親会社で土地の譲渡益が生じますが，完全支配関係であるためその譲渡益は繰り延べられます（法法61の11①）。したがって，親会社において譲渡益に係る法人税は生じません。

(2)　消費税の取扱い

　一方，土地の売買においては，消費税の課税関係が非常に重要になります。すなわち，土地の売却は非課税取引であるため（消法6，別表第2一），親会社の非課税売上げが増加することになり，消費税の計算において控除できない消費税が増加する可能性があります（消法30，消令46・48他）。

＜消費税の課税関係＞

親会社	譲渡対価：300,000千円	非課税売上げ
子会社	取得価額：300,000千円	課税仕入れとならない

＜課税インパクトのシミュレーション＞

- ・親会社の課税売上高（税抜）は1,000,000千円
- ・親会社の課税仕入高（税抜）は800,000千円
- ・土地取引に係る非課税売上高は300,000千円（これ以外の非課税売上げはないものとする）
- ・仕入控除税額の計算方式として，一括比例配分方式を採用している

第Ⅰ章　いろいろな論点を網羅していますか？（税法×税法編）

①　課税売上割合の計算

A：土地の売却をしなかった場合

$$課税売上割合 = \frac{課税期間中の課税売上高（税抜）}{課税期間中の総売上高} = \frac{1,000,000}{1,000,000} = 100\%$$

B：土地の売却を考慮した場合

$$課税売上割合 = \frac{課税期間中の課税売上高（税抜）}{課税期間中の総売上高} = \frac{1,000,000}{1,300,000} = 76.9\%$$

②　消費税への影響[1]

（単位：千円）

	課税仕入高	仮払消費税	課税売上割合	控除消費税
パターンA	800,000	80,000	100%	80,000
パターンB	800,000	80,000	76.9%	61,538
			影響額	18,462

　つまり，土地の売買によって親会社の非課税売上げが増加するため，控除対象外消費税額等が18,462千円生じることになり，消費税の負担が増加することになります。

　なお，控除対象外消費税額等18,462千円について，法人税法上は損金になるため，法人税としては18,462千円の課税所得の圧縮につながりますが，18,462千円に対して実効税率を乗じた税金の圧縮となるため，結局は消費税の負担のほうが大きくなります。また，控除対象外消費税額等が資産に係る控除対象外消費税額等であり，かつ一定の場合には，繰延消費税額等として資産計上したうえで，一定期間にわたって損金の額に算入されます（法令139の4）。

　この結果，本ケースでは，土地の売買によってトータルの税負担は増加することになります。消費税を検討せずに法人税のみを検討すると，このような大きな事故につながりかねないため，注意が必要です。

　なお，これとは反対に，土地についての消費税はよく検討していたのに，グループ法人税制の適用を忘れるケースなども考えられます。いずれにせよ，双方向の検討が必要です。

1　実際の消費税の計算過程とは異なりますが，理解のために計算過程を簡素化しています。

【ちょっと一言】

■土地の売却による課税売上割合の減少を防ぐには

　土地の売却は消費税に大きな影響があるため要注意です。ただし，土地の売却については，「たまたま土地の譲渡があった場合の課税売上割合に準ずる割合の承認申請」（消法30③，消令53③）を活用することで，課税売上割合の減少を回避できる可能性があります。なお，当該手続きには承認が必要なことから，その承認申請書を事前に余裕をもって（適用を受けようとする課税期間の末日までに）提出することが大切です。また，翌期に「不適用届出書」を提出することも失念しがちであり，注意が必要です。

質疑応答事例「たまたま土地の譲渡があった場合の課税売上割合に準ずる割合の承認」[2]

　土地の譲渡が単発のものであり，かつ，当該土地の譲渡がなかったとした場合には，事業の実態に変動がないと認められる場合に限り，次の①又は②の割合のいずれか低い割合により課税売上割合に準ずる割合の承認を与えることとして差し支えないこととします。
　① 当該土地の譲渡があった課税期間の前3年に含まれる課税期間の通算課税売上割合（令53③《通算課税売上割合の計算方法》に規定する計算方法により計算した割合をいう。）
　② 当該土地の譲渡があった課税期間の前課税期間の課税売上割合

2　国税庁ウェブサイトhttps://www.nta.go.jp/law/shitsugi/shohi/17/07.htm

第Ⅰ章　いろいろな論点を網羅していますか？（税法×税法編）

■そもそもグループ法人税制を安易に適用するのは……

　Ｉ先生はグループ法人税制の適用によって当面の法人税課税を回避することを説明しています。まさにそのとおりですが，グループ法人税制は，その後の運用，すなわち，繰延譲渡損益の戻入れ事由（法法61の11②③，法令122の12④など）にかなり気を遣う必要があります。例えば，本ケースの土地を，子会社が売却した場合や，親子会社が完全支配関係を有しなくなった場合などは繰延譲渡損益が実現することになります。

　個人的には，グループ法人税制適用後の管理を考えると，ある意味で税務リスクが高いと考えています。例えば，グループ内の組織再編成などを行った場合に繰り延べていた譲渡損益が意図しない状況下で実現する場合などが想定されるためです（完全支配関係を有する者以外との合併による繰延譲渡損益の戻入れ事由など）。管理の手間暇と戻入れ事由の複雑性を考えると，安易にグループ法人税制を適用する前に，まずは他の手段を考えて，なおグループ法人税制に優位性があると判断される場合に初めて適用すべきと考えます。

35

ケース2

適格組織再編成で
不動産の移転は万全!?
―法人税×その他（流通税）―

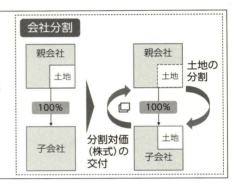

<ケースの概要>

不動産の移転でもう一つ怖いのは，不動産取得税などの流通税です。普段あまり気にすることのない税目ゆえに，十分な注意が必要です。ケース2では，ケース1のデメリットを回避するために，会社分割を選択したことを前提とします。

Case

～ケース1の続き～

Aさん：なるほど。単純に土地の売買をすると不都合があるんだね。では，売却以外に子会社に土地を移す方法ってあるの？

I先生：例えば，会社分割という手法があります。

Aさん：会社分割？ あまり聞き慣れないけれど。

I先生：組織再編成の一つなのですが，要するに，会社の一部を別の会社に切り出すようなイメージです。例えば，土地だけを切り出すことも可能です。

Aさん：それをすると，何がいいの？

I先生：まず消費税に影響がありません。また，法人税法における適格要件を充足すれば，法人税も発生しません。つまり，法人税も消費税もかからないため，税負担なしです。

第Ⅰ章　いろいろな論点を網羅していますか？（税法×税法編）

1　落とし穴&ポイント

落とし穴
法人税も消費税もかからないため，税負担なしです。

ここがポイント
法人税と消費税のみを考慮していますが，不動産の移転においては，不動産取得税や登録免許税といった流通税を必ず確認する必要があります。

2　ポイントの整理

(1)　法人税の取扱い

　まず，会社分割とは，会社が有する権利義務の一部もしくは全部を分割して，他の会社に承継させる手法のことをいい，グループ企業内における組織再編成やM&Aなどで広く活用されています。
　法人税においては，適格要件を充足することで，移転資産・負債が（税務上の）帳簿価額により引き継がれ，移転に係る損益は認識しないことになります。

37

＜適格要件（法法２十二の十一）＞

要　件	完全支配関係	支配関係	共同事業要件
金銭等不交付要件	○	○	○
按分型要件（分割型分割）	○	○	○
主要資産等引継要件		○	○
従業者引継要件		○	○
事業継続要件		○	○
事業関連性要件			○
事業規模要件 又は経営参画要件			○
継続要件	○ （完全支配関係継続）	○ （支配関係継続）	○ （株式継続保有）

　本ケースにおいては親子会社が完全支配関係にあり，その関係の継続が見込まれています。会社分割によって親会社が子会社に土地を移転し，その分割対価として金銭等が交付されなければ法人税法上の適格要件を充足します。なお，本ケースのような会社分割においては，実務上の簡便性を考慮して無対価の会社分割を選択するものと思われます。

　適格要件を充足する会社分割を行うことで，親会社では土地の移転に係る損益が生じず，子会社は土地の帳簿価額を引き継ぐことで税務処理が完結します[3]。

(2)　消費税の取扱い

　会社分割は，消費税法における資産の譲渡等（消法２①八）に該当しません。これは，会社分割が包括承継であるため，事業譲渡や現物出資とはその行為の法的性質が異なるためです。つまり，会社分割で土地のみを分割したとしても，その移転については消費税法上，課税対象外の取引として整理されます。それゆえ，**ケース1**で取り上げたような非課税売上げの増加という論点が生じない

3　適格組織再編成を行うにあたっては各種適用要件がありますので，事前に詳細な検討が必要です。

第Ⅰ章　いろいろな論点を網羅していますか？（税法×税法編）

ことになります。

(3) 不動産取得税・登録免許税（流通税）の取扱い

本件において最も重要なポイントは，実は不動産取得税・登録免許税等の流通税です。

ほとんどの税理士の方は，法人税，消費税及び源泉所得税等には普段から接していると思います。しかし，税理士が不動産取得税・登録免許税の計算をすることはそれほど多くはないでしょう。むしろ，不動産登記を多く扱っている司法書士のほうが，不動産取得税や登録免許税に接しているのではないでしょうか。

まず，不動産取得税・登録免許税を簡単に整理すると次のとおりです。

＜不動産取得税・登録免許税の概要＞

税　目	課税標準	税　率	
		売　買	会社分割
不動産取得税	固定資産課税台帳に登録されている価格※ただし，宅地等については特例あり	土地・家屋（住宅）3％家屋（非住宅）4％	原則4％（軽減措置あり）**※一定の非課税措置あり**
登録免許税（不動産）	固定資産課税台帳に登録された価格	2％	2％

図表のとおり，移転する不動産の課税標準に応じて不動産取得税・登録免許税が課税されます。

さて，会社分割における不動産取得税について「※一定の非課税措置あり」とされていますが，実はこの一定の非課税措置が実務上は重要になります。

39

＜不動産取得税の非課税措置（地法73の7二及び地令37の14）**＞**[4]

【非課税の要件】

１．以下のいずれかの分割において，それぞれの条件を満たすこと
（吸収分割，新設分割とを問わない）

＜分割型分割＞

①　分割対価資産として，分割承継法人の株式以外の資産が交付されないこと

②　当該株式が分割法人の株主等の有する当該分割法人の株式の数の割合に応じて交付されるもの

＜分社型分割＞

①　分割対価資産として，分割承継法人の株式以外の資産が交付されないこと

２．以下の項目に全て該当すること

①　当該分割により分割事業にかかる主要な資産及び負債が分割承継法人に移転していること

②　当該分割に係る分割事業が分割承継法人において当該分割後に引き続き営まれることが見込まれていること

③　当該分割の直前の分割事業に係る従業者のうち，その総数のおおむね100分の80以上に相当する数の者が当該分割後に分割承継法人に従事することが見込まれていること

　一見すると，不動産取得税の非課税要件と会社分割の適格要件はかなり似ています。しかし，ここに落とし穴があります。

　対価要件，従業者引継要件など，一つひとつの要件は共通しているため，例えば事業と人をセットで分割するような会社分割の場合には，同時に不動産取得税の非課税措置を適用できる可能性が高いといえます。

　では，本ケースに当てはめるといかがでしょう。本ケースでは，土地のみを移転させるわけですから，従業員が移転しない時点で，不動産取得税の非課税要件を満たさないことになります[5]。そのため，不動産取得税が発生する会社分

4　東京都主税局ウェブサイト「会社分割に係る不動産取得税の非課税措置について」https://www.tax.metro.tokyo.lg.jp/shitsumon/tozei/kaisyabunkatsu.pdf

第Ⅰ章　いろいろな論点を網羅していますか？（税法×税法編）

割になります。

　会社分割で移転する不動産の規模が大きくなると，不動産取得税や登録免許税は無視できない水準になります。このような場合，不動産取得税の非課税措置を適用できるように，事業上の合理性をきちんと考えたうえで会社分割を計画することが，タックスプランニングにおいて非常に重要な論点になります。

【ちょっと一言】

■不動産取得税の非課税措置を受けるには

　昨今ではグループ内で経営資源の選択と集中を行うために，会社分割によりヒト・モノ・カネを動かすことはそれほど例外的な事象ではありません。例えば，親会社が持株会社である場合に，事業資産以外の資産（例えば，余剰資金や不動産など）を親会社に集中させ，子会社には事業に集中してもらう，といったグループ経営戦略を採用する会社は数多く存在します。

　不動産を会社分割で動かすときにまず私が実施していることは，管轄の都道府県税事務所へ事前に相談に行くことです。都道府県税事務所の担当者は，不動産取得税の非課税申告書の作成について気をつけるべきポイントをいろいろと詳しく教えてくださる印象があります。また，道府県によっては東京都のような定型フォームがないことも（多々）あるため，記載書類や記載方法を確認しなければならないケースもあります。

　不動産取得税の非課税措置を適用できるのか否かについて管轄の都道府県税事務所にまずは確認。これが実務的には重要であると思います。

5　本ケースでは土地の用途に言及されていませんでしたが，会社分割前において土地をどういった事業に使用しており，会社分割後においてその事業が継続するのかという点も重要になります。土地のみの事業ということは実際上あまりないと思われるため，例えば土地を含んだ事業の移転を視野に入れるといったことが考えられます。

41

ケース3

複数会社の兼務と退職金には要注意！
―法人税×所得税―

		税法				
		法人税	所得税	消費税	相続税	その他
What How	法人税		○			
	所得税	○				
	消費税					
	相続税					
	その他					

<ケースの概要>
役員退職金には様々な論点があります。特に複数会社の役員を兼任している場合には，法人税・所得税・相続税（贈与税）に影響することがあります。本ケースでは，法人税と所得税の関係を確認します。

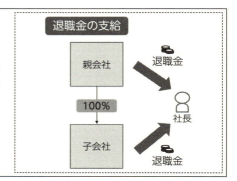

Case

Aさん：そろそろ３代目に会社を譲ろうと思っているんだけど，注意点あるかな？
Ｉ先生：そうですか。いよいよですね。先代から引き継がれて何年くらいですか？
Aさん：そろそろ30年だね。40歳で先代から引き継いだから。
Ｉ先生：そうでしたか。私の３倍ですか。10年でもいっぱいいっぱいなのに，従業員もたくさんいらっしゃって，本当に素晴らしいです。月並みで申し訳ないですが。
Aさん：いやいや，10年も30年も大して変わらない。一瞬で過ぎ去るよ。
Ｉ先生：社長は親会社・子会社両方兼務されていますが，どちらも退職されますか？
Aさん：うん，両方退くつもり。子会社のほうは立ち上げから４年経っていないけれど，だいぶ軌道に乗ってきたし，十分儲かっているしね。
Ｉ先生：なるほど。退職と言えば，やはり退職金の相当性ですね。退職金が高すぎると法人税の世界では否認されますので，それさえ注意すればOKです。

第Ⅰ章 いろいろな論点を網羅していますか？（税法×税法編）

1　落とし穴＆ポイント

落とし穴

退職金が高すぎると法人税の世界では否認されますので，それさえ注意すればOKです。

ここがポイント

法人税法上，退職金には多くの論点があります。しかし，社長が複数の会社を兼務している場合の論点，すなわち「特定役員退職手当等」の論点を見落とすと，所得税の負担が大幅に変わるため要注意です。

2　ポイントの整理

(1) 役員退職金に係る法人税の論点

　法人税法上，「退職給与」は直接定義されていませんが，一般的に「その支出の名義のいかんにかかわらず，役員または使用人の退職により支給される一切の給与をいう」ものと解されています[6]。そして，所得税法における退職所得（所法30①）と同義とされています。
　ここで，法人が役員に支給する退職金が適正な額であれば，退職金は損金の額に算入されます。その退職金の損金算入時期は，原則として，株主総会の決

6　味村治＝品川芳宣『役員報酬の法律と実務〔新訂第2版〕』（商事法務研究会，2001年）319頁

議等によって退職金の額が具体的に確定した日の属する事業年度となります。しかし，この適正性を検討するにあたり，法人税法上の主要な論点が2つあります。

＜法人税法における役員退職金の論点＞

①　退職給与に該当するか否か
②　不相当に高額な部分に該当しないか否か

①　退職給与に該当するか否か

　非上場会社では，社長が退職したと言っても，次の日から顧問として同じ席に着いて，結局は何も変わらないということもあり得ます。このように，法律上は退職したとしても実質的には何も変わっていない状態である場合には，退職の事実に疑義が生じます。

　退職所得として認められるためには，次の3つの要件が必要とされています[7]。

＜退職所得の3つの要件＞

A	退職すなわち勤務関係の終了という事実によってはじめて給付されること
B	従来の継続的な勤務に対する報償ないしその間の労務の対価の一部の後払の性質を有すること
C	一時金として支払われること

　要件Aにおける「退職すなわち勤務関係の終了」は，実務上その認定が難しいといわれていますが，例えば先の例のように，退職後も同じ席で同じ業務をして，取引先・社内から見て何も変わっていない状態は，退職していないと認定されうると考えられます。

7　最高裁昭和58年9月9日第二小法廷判決（民集37巻7号962頁）。なお，その後の最高裁昭和58年12月6日第三小法廷判決（集民140号589頁）も参照のこと。

第Ⅰ章　いろいろな論点を網羅していますか？（税法×税法編）

　また，もう一つ重要なポイントは「分掌変更に伴う役員退職給与」です。

＜役員の分掌変更等の場合の退職給与（法基通9－2－32）＞

　　法人が役員の分掌変更又は改選による再任等に際しその役員に対し退職給与と
して支給した給与については，その支給が，例えば次に掲げるような事実があっ
たことによるものであるなど，その分掌変更等によりその役員としての地位又は
職務の内容が激変し，実質的に退職したと同様の事情にあると認められることに
よるものである場合には，これを退職給与として取り扱うことができる。
(1)　常勤役員が非常勤役員（常時勤務していないものであっても代表権を有する
　　者及び代表権は有しないが実質的にその法人の経営上主要な地位を占めている
　　と認められる者を除く。）になったこと。
(2)　取締役が監査役（監査役でありながら実質的にその法人の経営上主要な地位
　　を占めていると認められる者及びその法人の株主等で令第71条第1項第5号
　　《使用人兼務役員とされない役員》に掲げる要件の全てを満たしている者を除
　　く。）になったこと。
(3)　分掌変更等の後におけるその役員（その分掌変更等の後においてもその法人
　　の経営上主要な地位を占めていると認められる者を除く。）の給与が激減（お
　　おむね50％以上の減少）したこと。

　分掌変更に伴う役員退職給与についても，実務上判断が難しいことが多々あ
ります。例えば，経営上主要な地位について明確な定義がないため，実質的な
判断が介入することになります[8]。

②　不相当に高額な部分に該当しないか否か

　役員退職金のうち，「不相当に高額な部分」の損金算入は認められていませ
ん（法法34②）。そして，その不相当に高額な部分については，「内国法人が各
事業年度においてその退職した役員に対して支給した退職給与（法第34条第1
項又は第3項の規定の適用があるものを除く。以下この号において同じ。）の

8　この点につき，一定の例示は示されています（国税不服審判所平成29年7月14日裁決（裁集108
　集149頁））。

45

額が，当該役員のその内国法人の業務に従事した期間，その退職の事情，その内国法人と同種の事業を営む法人でその事業規模が類似するものの役員に対する退職給与の支給の状況等に照らし，その退職した役員に対する退職給与として相当であると認められる金額を超える場合におけるその超える部分の金額」（法令70二）とされています。

　実務的には，退職金の計算において功績倍率法を使用することが多いと思います。

＜功績倍率法＞

退職金適正額 ＝ ①最終報酬月額 × ②勤続年数 × ③功績倍率

　この算定式におけるそれぞれの要素について論点があります。

＜功績倍率法の論点＞

① 最終報酬月額：著しく低い，もしくは高い ② 勤続年数：法人成りする前の個人事業主の期間は含まない　など ③ 功績倍率：同業類似法人の功績倍率をどう見るか

　また，功績倍率法が合理的でない場合には1年当たり平均額法が認められる余地もあります。例えば，退職する直前に病気療養のため一時的に役員報酬を下げている場合などは，最終報酬月額を使用して退職金の適正額を算定することに合理性がないと考えられるため，1年当たり平均額法を採用することになります。

　このように，法人税法における役員退職金の論点は実質的な判断を求められるところが多く，また，同業種の退職金に係る統計データを考慮して計算するなど，手間もかかります。それゆえに，「役員退職金と言えば法人税における適切性・相当性」といった思考に行き着くことは，ある意味自然なことである

46

第Ⅰ章　いろいろな論点を網羅していますか？（税法×税法編）

と思えます。

　しかし，所得税に与える影響もきちんと意識していないと，思わぬ落とし穴にはまる可能性があります。

(2)　所得税の論点

①　特定役員退職手当等に該当する場合

　本ケースのように，非上場会社の場合は，一人の社長がグループ会社の役員を兼務していることも多々あります。この場合に気をつけなければならないのが，「特定役員退職手当等」（所法30⑤）です。

タックスアンサー№2737「役員等の勤続年数が5年以下の者に対する退職手当等（特定役員退職手当等）」（抜粋）[9]

> 　特定役員退職手当等とは，役員等勤続年数が5年以下である者が，退職手当等の支払者から，その役員勤続年数に対応する退職手当等として支払を受けるものをいいます。
> 　退職所得の金額は，その年中に支払を受ける退職手当等の収入金額から，その者の勤続年数に応じて計算した退職所得控除額を控除した残額の2分の1に相当する金額とされていますが，特定役員退職手当等については，この残額の2分の1とする措置はありません。
> 　例えば，役員等勤続期間が4年11か月の場合は，役員等勤続年数が5年となることから，特定役員退職手当等に該当します。また，役員等勤続期間が5年1か月の場合は役員等勤続年数が6年となることから特定役員退職手当等には該当しません。

　本ケースのように4年間の勤続に応じた役員退職金は，特定役員退職手当等に該当します。30年勤続した親会社と比べて，そもそもの退職金の額は下がると想定されますが，それでも退職所得の大きなメリットである「2分の1課

9　全文については，国税庁ウェブサイトhttps://www.nta.go.jp/taxes/shiraberu/taxanswer/gensen/2737.htm

47

税」がなくなることは大きなデメリットになります。

　このようにグループ会社の役員を兼任している場合，通常は役員の勤続期間が異なると思います。役員の在任期間が5年以下か5年超かで，その退職所得に係る手取りが大きく変わるため注意が必要です。

② 同一年に複数の会社から退職金を受け取る場合の調整計算

　同一年に複数の会社から退職金を受け取った場合には，退職所得控除額の算定については勤続期間の重複期間に係る調整計算などが入るため，通常の計算方法とは異なります。退職所得控除額の調整計算については，国税庁ウェブサイトにおいてケース別に具体的な数値を使用した説明がされているため，適用する際に参考になります[10]。

③ その他の留意事項

　退職金の支払いを受ける前年以前4年以内に退職金の支払いを受けていた場合についても，勤続期間が重複している場合には退職所得控除額の減額計算をします。したがって，この調整計算を行わずに済むように，一定期間を空けて退職するといった工夫が必要になります。

【ちょっと一言】

■役員退職金は論点が多すぎる……

　繰り返しになりますが，役員退職金には様々な論点があります。
・退職の事実の有無
・損金算入時期（未払退職金）
・分掌変更
・金額の相当性……

　これらの論点一つひとつにボリュームがあり，また否認された場合の法人税

10　国税庁ウェブサイトタックスアンサーNo.2741「同じ年に一般退職手当等のほか，短期退職手当等や特定役員退職手当等がある場合」https://www.nta.go.jp/taxes/shiraberu/taxanswer/gensen/2741.htm

第Ⅰ章　いろいろな論点を網羅していますか？（税法×税法編）

へのインパクトが大きいことから，慎重に慎重を重ねて取り組む必要があります。

　しかし同時に，退職金は役員（及びその家族）の老後の人生設計にも大きな影響があります。そして，仮に特定役員退職手当等に金額的な重要性がないとしても，個人の所得税の間違いは，法人税の間違いよりもシビアに見られる傾向があると思います。やはり，自分の財布に直接影響があると，誰しもシビアになるのでしょう。

　退職金＝法人税の論点ではなく，所得税にも，そして**ケース4**で紹介する相続税（贈与税）にも目を向けないといけません。

49

ケース4

短期退職に気をつけても
―所得税×相続税―

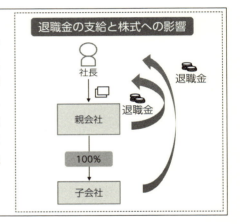

<ケースの概要>

役員退職金の論点は，法人税・所得税に影響がありますが（ケース3参照），同時に，非上場株式の評価額，すなわち相続税や贈与税にも大きな影響があります。特に複数社の役員を兼務している場合には，その退職金が複数の非上場株式の評価額に影響を与えるため，慎重な検討が求められます。

Case

～ケース3の続き～

Aさん：短期退職に注意すると，もう少し子会社の役員を続けたほうがいいか。

I先生：そうなりますね。

Aさん：あと，同時に役員を退職すべきか，親会社・子会社と順番に退職したほうがいいのか？　そのあたりはどう？

I先生：複数の会社から退職金を受け取る場合，重複勤続年数の調整が入りますので，所得税のそのあたりを気にすれば大丈夫です。各社からの退職金の支給について，インターバルがあるといいですね。

Aさん：わかった。あとは持っている株式を息子に贈与して，いよいよ引退するよ。老後は長野でゆっくりしようかな。軽井沢とか，どうかな？

I先生：軽井沢なんていいですね～。（……ん，贈与??）

第Ⅰ章　いろいろな論点を網羅していますか？（税法×税法編）

1　落とし穴＆ポイント

所得税のそのあたりを気にすれば大丈夫です。

ここがポイント

複数のグループ会社がある場合，その後に生じる非上場株式の評価額，つまり相続税や贈与税も考えたうえで，退職金の支給を考えなければなりません。

2　ポイントの整理

(1)　オーナー保有の株式に注意

　役員退職金とオーナーが保有している非上場株式の評価は，切っても切れない関係にあります。
　まず，非上場株式の評価額は，原則として類似業種比準価額と純資産価額のいずれか又はその併用により算定されます。役員退職金を支払った場合，通常はいずれの算定方式によった場合でも非上場株式の評価額は下がることが多いと思われます。

①　類似業種比準価額（評基通180）

　類似業種比準価額とは，類似業種の株価並びに1株当たりの配当金額，年利益金額及び純資産価額（帳簿価額）を基として，次の算式によって計算した金額です。

51

$$\text{1株（50円）当たりの比準価額} = A \times \frac{\dfrac{Ⓑ}{B} + \dfrac{Ⓒ}{C} + \dfrac{Ⓓ}{D}}{3} \times \text{斟酌率}$$

$$\text{1株当たりの類似業種比準価額} = \text{1株（50円）当たりの比準価額} \times \frac{\text{直前期末の資本金等の額} \div \text{直前期末の発行済株式数（自己株式控除後）}}{50円}$$

A	類似業種の株価
B	課税時期の属する年の類似業種の1株当たりの配当金額
C	課税時期の属する年の類似業種の1株当たりの年利益金額
D	課税時期の属する年の類似業種の1株当たりの純資産価額（帳簿価額）
Ⓑ	評価会社の1株当たりの配当金額
Ⓒ	評価会社の1株当たりの利益金額
Ⓓ	評価会社の1株当たりの純資産価額（帳簿価額）

　類似業種比準価額によった場合，退職金の支払いによって，評価会社の「利益金額」及び「純資産価額」が減少し，類似業種比準価額が減少するために，株式の評価額が下がります。

②　純資産価額（評基通185）

　純資産価額とは，課税時期における各資産を財産評価基本通達に従って評価した価額の合計額から，課税時期における各負債の金額の合計額及び評価差額に対する法人税額等に相当する金額を控除した金額を，課税時期における発行済株式数で除して計算した金額をいいます。要するに，時価純資産をイメージすればよいと思います。

　役員退職金の支払いによって会社の現預金は外部に流出するので，当然に株式の評価額は減少します。

第Ⅰ章 いろいろな論点を網羅していますか？（税法×税法編）

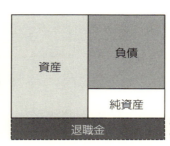

それでは，複数社の場合，このメカニズムはどのように働くのでしょうか。

3 役員退職金の株式評価額への影響（複数社の場合）

例えば，本ケースのような親会社・子会社を想定します。

左端が社長の個人財産をバランスシート化したもの，中央は親会社の純資産価額（時価），右端は子会社の純資産価額（時価）を示しています。個人財産から親会社の純資産価額（時価），さらに子会社の純資産価額（時価）のつながりは次のようになります。

（なお，株式評価額は，本来的には類似業種比準価額を考慮して評価します。また，法人税額等相当額の控除などは割愛しています。イメージ図としてご参照ください。）

53

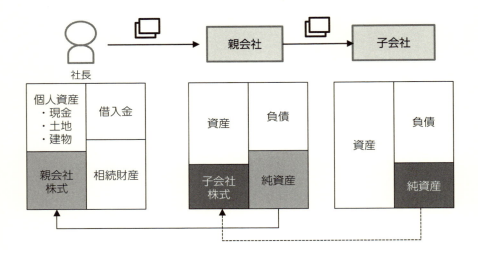

　では，役員退職金を親会社・子会社から支給する場合，この関係はどのように影響し合うのでしょうか。

　結論として，それぞれの役員退職金が各社の純資産価額（時価）に影響を与え，その結果が株式の評価額に反映されます。簡単に示すと次のとおりです。

---

① 子会社の退職金の支給
　⇒ 子会社の純資産価額（or 類似業種比準価額）の減少
　⇒ 親会社が保有する子会社株式の評価額の減少
② 親会社の退職金の支給
　⇒ 親会社の純資産価額（or 類似業種比準価額）の減少
　⇒ 社長が保有する親会社株式の評価額の減少

第Ⅰ章 いろいろな論点を網羅していますか？（税法×税法編）

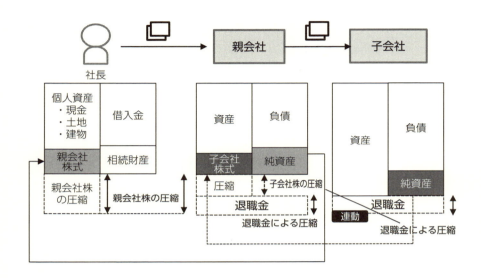

つまり、社長が保有する親会社株式の価値の減少は、2つの要素から構成されます。

① 子会社の退職金支給による子会社株式の価値の減少（間接的に親会社株式の価値の減少）
② 親会社の退職金支給による親会社株式の価値の減少（直接的に親会社株式の価値の減少）

イメージがわきやすいように純資産価額を前提にしましたが、本来は類似業種比準価額も考慮して計算するため、その会社の規模によっては純資産価額の減少以上に株式の評価額が下がることも十分にあり得ます[11]。

会社規模にもよりますが、株式の承継としてベストな状態は、親子会社両方が退職金を支払った結果、両社の株式評価額が下がっている状況です。**ケース3**で短期退職による所得税の留意点を紹介しましたが、親子会社を同時に退職

---

11 反対に、親会社の株式が類似業種比準価額によって評価される場合、子会社株式の評価額の減少が親会社株式の評価額にそれほど影響を及ぼさないことも想定されます。

するケースで，役員退職金による株式評価額の減額効果が所得税の優遇を受けられない金額を上回っている場合には，両社を同時に退職することにも合理性があると思います。つまり，「退職所得の減額効果＜株式評価額の減少による贈与税の減額効果」となる場合もありうるということです。

4　株式等保有特定会社

そして，グループ会社を複数持つ場合に，株式評価額の計算上で気にすべき最重要論点は株式等保有特定会社です。

＜株式等保有特定会社（評基通189(2)）（抜粋）＞

> 課税時期において評価会社の有する各資産をこの通達に定めるところにより評価した価額の合計額のうちに占める株式，出資及び新株予約権付社債の価額の合計額の割合が50％以上である評価会社

株式等保有特定会社に該当する場合，純資産価額もしくはS1＋S2方式による評価によって，株式の評価額が算定されます。この場合，類似業種比準価額や純資産価額との折衷方式による価額と比べて，株式の評価額が大幅に増加することが多々あります。

これは，類似業種比準価額＜純資産価額となる会社が多いことによります。特に利益剰余金の積み上げが多い会社など，社歴の長い会社などでその傾向が強いといえます。

第Ⅰ章　いろいろな論点を網羅していますか？（税法×税法編）

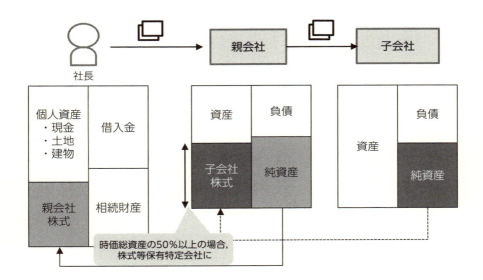

ポイントは次の2点です。

①	株式等保有特定会社でないほうが，株式の評価額が低いことが多い
②	株式等保有特定会社の該当可能性は，子会社株式の評価額に大きく依存する

　私の経験上，子会社が役員退職金を支払った結果として，（子会社の株式の評価額が下がることにより）親会社が株式等保有特定会社に該当しなくなった場合，節税の観点でいうと株式承継のタイミングとしては是であることが多いといえます。
　親会社が株式等保有特定会社である場合，親会社と子会社の役員退職金の支給時期によって，通常の評価引き下げ効果に加えて，親会社が株式等保有特定会社のままなのか，一般の評価会社なのかという論点が生じます。このときは，役員退職金の支払いの順番及びタイミングが株式承継のキーポイントになります。

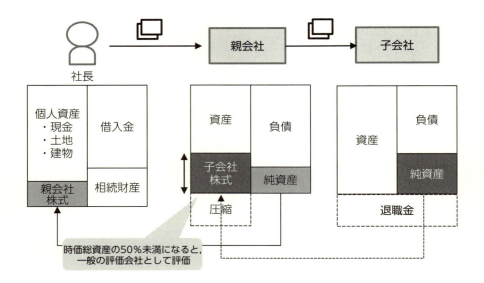

　ケース3で紹介した短期退職の論点は社長の手取りに直結するため，かなり重要な論点であるといえます。しかし，その先に株式の贈与を控える場合はどのように考えるべきでしょうか。贈与税の影響と，所得税の影響を比較する場合に前者を重視すべきとする考え方もあると思います。

　結論として，役員退職金の決め方は，例えば次の事項を検討する必要があるといえます。

- 法人税の論点：法人税において否認されないこと（退職の事実，金額の相当性など）
- 所得税の論点：退職金の手取り額の最大化
- 相続税・贈与税の論点：株式評価額を考えた場合の役員退職金の組み方

　このように，役員退職金は様々な税目に影響を及ぼすため，マトリックス的思考が必要な論点であるといえます。

第Ⅰ章　いろいろな論点を網羅していますか？（税法×税法編）

【ちょっと一言】

■株式等保有特定会社に係る留意点

　株式等保有特定会社には重要な論点があります。つまり，事業上の合理性がない状態で財産の変動が起こり，株式等保有特定会社でなくなる場合には，当該行為はなかったものとされるという規定の存在です。

> 　課税時期前において合理的な理由もなく評価会社の資産構成に変動があり，その変動が「株式等保有特定会社の株式」に該当する評価会社と判定されることを免れるためのものと認められるときは，その変動はなかったものとして当該判定を行うものとする（評基通189）。

　したがって，株式等保有特定会社に該当させないために，通常ではない手法を選択することには税務上疑義が生じる可能性があるといえます。役員退職金を例にすると，その支給理由・支給実態など，退職金の支払いに合理性があることが大前提になります（法人税の論点にもつながります）。

■純資産価額における評価について－仮決算vs直前期末の財務諸表－

　財産評価基本通達における純資産価額の算定には，次の2つの方法があります。

> ・課税時期において仮決算をする方法
> ・直前期末における純資産価額を採用する方法

　グループ会社が複数ある場合や決算月に差異がある場合には，仮決算をするのか，直前期末の財務諸表を使用して評価するのかという論点にも気を配る必要があります[12]。

12　直前期末における純資産価額の採用は，評価会社が課税時期において仮決算を行っていないため，課税時期における資産及び負債の金額が明確でない場合において，直前期末から課税時期までの間に資産及び負債について著しく増減がないため評価額の計算に影響が少ないと認められるときとされていますので，注意が必要です（明細書通達「取引相場のない株式（出資）の評価明細書の記載方法等」第5表2(4)）。

59

ケース5

自己株買いの落とし穴
― 相続税 × 所得税 ―

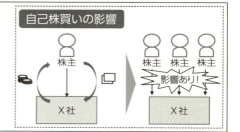

<ケースの概要>
相続税の納税資金の準備として，自己株買いが選択されることがあります。しかし，自己株買いによって，他の株主の相続税に影響があることも……。

Case

Kさん：夫からX社の株式だけを相続したのよ。生活資金はあるし，お金になりそうなものは子どもに相続させたの。子どもたちは誰もX社に関係ないしね。しかし困ったことに，相続税の納税資金のことを考えていなかったのよ。やはり，自分の財産を切り売りするしかないのかしら。

I先生：なるほど，それならば自己株買いはいかがでしょうか？

Kさん：自己株買い？

I先生：奥様が相続したX社株式をX社に売却するのです。そうすれば相続税の納税資金も捻出できます。要件を充足すれば，税負担も抑えて換金できますよ。たしかに会社の財産は減ってしまいますが，<u>他の株主さんの財布が痛むわけではないので</u>，皆さん納得してくれると思いますよ。

〜そんなこんなで，自己株買いをしましたが……それから数年後のこと〜

別の株主：元々，この株式は配当還元価額で評価できるって聞いていたんだけど，別の税理士から原則的評価で計算しろと言われたよ。これ，どういうこと？　株主は誰も変わってないのに，なんで相続税こんなに高いのよ！

第Ⅰ章　いろいろな論点を網羅していますか？（税法×税法編）

1　落とし穴&ポイント

他の株主さんの財布が痛むわけではないので，……

ここがポイント

依頼主の税負担を最小限にすることは大事です。しかし，特定の行為がその他の利害関係者に大きな影響を与える可能性もあるため，要注意です。

2　ポイントの整理

(1) 自己株式の取得（自己株買い）

非上場株式を承継する際に論点となるのは，主に次の4つです。

①	評価	評価を適正に計算すること
②	分割	株式の分割（分け方）を決めること
③	移転	移転方法（相続・贈与・譲渡など）を決めること
④	納税	相続税・贈与税の納税資金を確保すること

この中で，④納税資金を確保するためにしばしば用いられる手法が，自己株式の取得（いわゆる「自己株買い」）です。

自己株買いとは，保有している非上場株式をその発行会社に対して売却することをいいます。自己株買いによる株式の資金化は，通常は税負担が重くなるために敬遠されがちです。つまり，自己株式の取得に応じた株主が発行会社か

ら受け取る金銭等の額が，その発行法人の1株当たりの資本金等の額を上回る場合，その上回る金額は実質的に配当（みなし配当）として課税されます（所法25①五）。この配当部分は総合課税となります。

(設例)

- 1株1,000円で出資をした株式を代々相続していた。当初出資後，当該株式の売買をしたり，増減資が行われたりしていない。
- 今般，自己株買いで1株5,000円（時価）にて発行会社に株式を譲渡することにした。

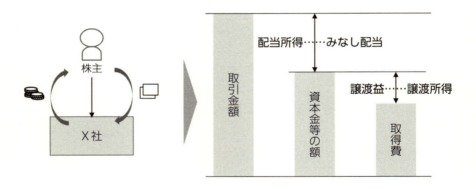

＜所得税の計算＞

① 取引金額＝5,000円
② 資本金等の額＝取得費＝1,000円（当初の出資金額）
③ 配当所得：5,000円－1,000円＝4,000円　⇒　<u>配当として課税（総合課税）</u>
④ 譲渡所得：0円（資本金等の額＝取得費であるため）

第Ⅰ章　いろいろな論点を網羅していますか？（税法×税法編）

　創業一族が保有する非上場株式の場合，資本金等の額と取得費が一致しているケースは少なくありません。仮に出資後に株式の売買をしたり，又は増資に応じたりといった場合には，当初の出資金額と自己株買いの時点における取得費に差異が生じることもあります。しかし，非上場会社における創業一族は，当初の出資段階から継続して保有していることが多いと思われます。この場合，株式の譲渡益相当額はみなし配当として扱われることになるため（所法25①五，所令61），総合課税となり累進税率による所得税課税が生じます。したがって，金額次第では50％に近い税負担となるため，自己株買いは税効率が悪く敬遠されがちな方法といえます。

　しかし，相続した非上場株式を相続開始のあった日の翌日から相続税の申告期限の翌日以後3年を経過する日（つまり，相続開始の翌日から3年10か月を経過する日）までに自己株買いする場合には，次の2つの特例が用意されています。

---

①　みなし配当課税の特例（措法9の7，措令5の2，措規5の5）
②　相続税の取得費加算の特例（措法39，措令25の16，措規18の18）

　まず，①の特例ですが，通常のみなし配当とされる部分についても配当所得（総合課税）ではなく，譲渡所得（分離課税）とされます。譲渡所得に係る税率は20.315％（所得税は15.315％，住民税は5％）となり，累進税率に比べて税負担がかなり少なくなる可能性があります。

　次に，②の特例ですが，自己株買いにおける取得費の計算に際して，その株式を相続した際に発生する相続税のうち，その株式の相続税評価額に対応する金額を取得費に加算することができます。したがって，相続税の一部が取得費になることで，譲渡所得を圧縮することができます。

　このように，自己株買いに特例を組み合わせて納税資金を確保することは税効率を考えても優秀であり，納税資金を確保する際の選択肢として検討すべき方法といえます。

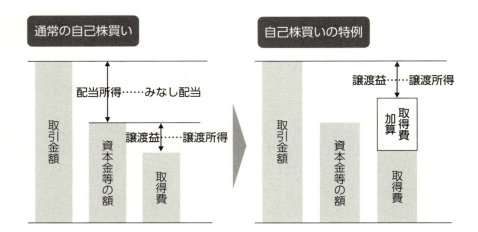

(2) 他の株主の議決権への影響

　しかし，自己株買いによって他の株主の非上場株式の評価額が変動する可能性があります。

　まず，財産評価基本通達に基づく非上場株式の評価においては，同族株主や中心的な同族株主の判定が非常に重要になります。特にこの判定の際に，議決権をいかに正確にカウントできるかがポイントになります。

第Ⅰ章　いろいろな論点を網羅していますか？（税法×税法編）

＜株主の態様ごとの評価方式（評基通188）＞

同族株主の有無	株主の態様				評価方式
同族株主のいる会社	同族株主グループに属する株主	取得後の議決権割合が５％以上の株主			原則的評価方法
		取得後の議決権割合が５％未満の株主	中心的な同族株主がいない場合の株主		
			中心的な同族株主がいる場合の株主	中心的な同族株主役員である株主又は役員となる株主	
				その他の株主	特例的評価方式（配当還元方式）
	同族株主以外の株主				
同族株主のいない会社	議決権割合の合計が15％以上のグループに属する株主	取得後の議決権割合が５％以上の株主			原則的評価方法
		取得後の議決権割合が５％未満の株主	中心的な株主がいない場合の株主		
			中心的な株主がいる場合の株主	役員である株主又は役員となる株主	
				その他の株主	特例的評価方式（配当還元方式）
	議決権割合の合計が15％未満のグループに属する株主				

　自己株買いで抜け落ちやすい論点は，自己株式には議決権がないため（会社法308②），自己株買いをすることで総議決権数が変動し，他の株主の議決権割合に影響を及ぼしうる点です。つまり，議決権数の変動によって，配当還元価額を採用できていた株主が原則的評価を強制されうることになります。

（例）次の株主構成（全株普通株式）であるＸ社において，Ｂ株主が全株を自己株買いした場合

株主	持株数	議決権割合
A	45,000	45%
B	29,000	29%
C	10,000	10%
D	8,000	8%
E	4,000	4%
F	4,000	4%
自己株式	0	－%
議決権数	100,000	100%

株主	持株数	議決権割合
A	45,000	63%
B	0	－%
C	10,000	14%
D	8,000	11%
E	4,000	6%
F	4,000	6%
自己株式	29,000	－%
議決権数	71,000	100%

例えば，E氏，F氏がA氏の遠い親戚（6親等など）の同族株主に該当し，かつ，当該会社の役員ではない場合などに要注意です。B氏が自己株買いに応じたことにより，E氏，F氏の議決権割合が5％以上になると，その株式の承継に係る相続税評価額が原則的評価（類似業種比準価額や純資産価額など）になる可能性があり，自己株買い前には適用できていた特例的評価（配当還元価額）の適用ができなくなります。つまり，自己株買いによる議決権の変動によって他の株主の議決権比率に影響が生じ，株式の評価額に影響が生じることになります。

　そもそも自己株買いによる特例を適用する際には，そもそもの譲渡価額の算定（つまり，非上場株式の時価の算定）が必要なことに加えて，特例の届出書の提出など，税理士が気をつけるべきポイントが多々あります。そのうえで，依頼主以外の株主に係る論点にまで気が回らないことは十分に考えられるため，まずは議決権の論点があることを頭の片隅に残しておくことが大切です。

　なお，自己株買いについては，その取引の態様に応じて株主総会の普通決議や特別決議が必要になるため，他の株主が知らない状態で自己株式の取引を実行することは，基本的には起こらないと考えられます。しかしそうは言っても，通常は他の株主が財産評価基本通達による評価まで理解していることは少ないと思いますので，やはり注意喚起は必要と考えます。

【ちょっと一言】

■種類株式や相互持合株式

　本ケースでは，自己株買いによる議決権の影響を取り上げました。

　しかし，他にも議決権（と株式の評価への影響）に注意が必要なケースが存在します。

第Ⅰ章 いろいろな論点を網羅していますか？（税法×税法編）

＜議決権に注意が必要な場合＞

1	自己株式	本ケース参照
2	相互持合株式	他の会社に25％超を保有されている場合の，他の会社に対する議決権はカウントされない。
3	種類株式	完全無議決権株式については議決権なし。 一部議決権制限株式の場合は，議決権は0ではない。
4	未分割の株式	未分割の株式数の全部を加算して議決権の判定をする[13]。

　3・4の種類株式や未分割の株式は特殊な事例なので，実務で出会った際には意識して検討することができると思います。一方で，相互持合株式は，意図せずに発生していることがあるため特に見落としが起こりやすい論点です。
　どのようなケースであっても，議決権のカウントを丁寧に行うことが大切です[14]。

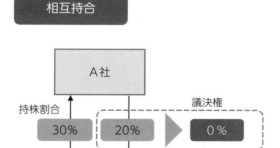

---

[13] 国税庁ウェブサイト質疑応答事例「遺産が未分割である場合の議決権割合の判定」https://www.nta.go.jp/law/shitsugi/hyoka/05/04.htm
[14] また，会社法上，議決権割合に応じて決議できる事項の範囲にも影響があります。例えば，自己株買いによって特定の株主の議決権割合が3分の2を超えた場合に，当該株主は株主総会の特別決議事項につき，決議することができるようになります（会社法309②）。

ケース6

組織再編成が株式評価に与える影響
—法人税×相続税—

	税法				
What How	法人税	所得税	消費税	相続税	その他
法人税				○	
所得税					
消費税					
相続税	○				
その他					

<ケースの概要>

組織再編成と聞くと，真っ先に浮かぶ言葉は組織再編税制かと思います。しかし，組織再編税制以外にも気をつけるべき論点があります。

本ケースでは，組織再編成と非上場株式の評価について確認したいと思います。

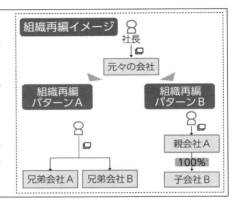

Case

Sくん：先生。お客さんから，今ある会社を2つの事業ごとに親会社・子会社の関係か，兄弟会社の関係に分けたいと相談されました。どう思いますか？

I 先生：ふーん。「タテの関係」か「ヨコの関係」かって話だけど，そこについては何か言っていた？

Sくん：いえ。ただ，分けてすっきりしたいみたいですよ。

I 先生：なるほど。そうしたら，法人税・消費税を検討して，あと社長の保有する株式にも関係してくる場合，所得税も検討して，と。これで足りてそうだな。組織再編税制が肝だから，そこさえカバーすれば大丈夫かな。

Sくん：先生，組織再編税制ってあまりなじみないですよね？　大丈夫ですか？

I 先生：（うっ……たしかに。）

第Ⅰ章 いろいろな論点を網羅していますか？（税法×税法編）

1 落とし穴＆ポイント

落とし穴

組織再編税制が肝だから，そこさえカバーすれば大丈夫かな。

ここがポイント

たしかに組織再編成と言えば，組織再編税制です。しかし，個人財産（保有する非上場株式）への影響，つまり相続税も検討すべき論点に入れる必要があります。組織再編成の手法によって，株式の評価額に大きな違いが生じることもあります。

2 ポイントの整理

(1) 組織再編成の課税関係

本ケースにおいては，元々の会社を次のいずれかの形態とすることを計画しています。

①　ヨコの関係（兄弟会社）にするパターン
②　タテの関係（親子会社）にするパターン

それらの関係を作る場合，例えば次の方法が考えられます。

① ヨコの関係を作るパターン

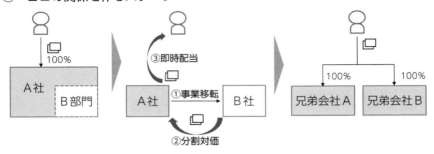

　会社分割（分割型分割）という手法により，兄弟会社を作ることができます。この場合，新会社（B社）の株式を会社分割の対価とすることで，適格分割型分割となります（法法２十二の十一イ，十二の十二）[15]。

＜課税関係の整理（適格要件を充足したことを前提とする）＞

分割法人（A社）	B部門の移転に係る譲渡損益は認識しない。
分割承継法人（B社）	税務上の帳簿価額で，移転資産・負債を計上する。
元々の株主	分割法人株式の帳簿価額について，分割移転割合を乗じたうえで，分割承継法人株式に付け替わる。
消費税	課税関係なし（消令２①四）。

　したがって，法人税，消費税及び所得税において課税は生じません。

15　適格要件については，ケース２参照。なお，許認可などの関係で，先にB社を設立したうえで，吸収分割にてA社の事業を移管させることも実務ではよく行われます。

第Ⅰ章　いろいろな論点を網羅していますか？（税法×税法編）

②　タテの関係を作るパターン

　会社分割（分社型分割）という手法により，親子会社を作ることができます。この場合，通常は，新会社（B社）の株式を移転対価とすることで，適格分社型分割となります（法法２十二の十一イ，十二の十三）。

＜課税関係の整理（適格要件を充足したことを前提とする）＞

分割法人（A社）	B部門の移転に係る譲渡損益は認識しない。
分割承継法人（B社）	税務上の帳簿価額で，移転資産・負債を計上する。
元々の株主	特に影響なし（移転した資産の帳簿価額から負債の帳簿価額を減算した金額がA社におけるB社株式の帳簿価額となる）。
消費税	課税関係なし（消令２①四）。

　したがって，法人税，消費税及び所得税において課税は生じません。
　なお，分社型分割によるデメリットの一つとして，B社の法人住民税均等割への影響が考えられます。すなわち，B社の「資本金等の額」が，移転資産・負債の差額になるため，移転する資産・負債の金額によってその資本金等の額が大きくなり，その結果，B社の法人住民税の均等割が増加する可能性があります。その影響を防ぐために，実務上は株式移転と分割型分割を組み合わせることで，同様の親子関係を創出するスキームも選択されています（株式移転でA社の親会社を作り，分割型分割にてA社の事業を親会社に分割する手法）。

(2) 相続税と組織再編成

このように，目の前の課税関係，つまり組織再編成の実行時点における課税関係という点においては，どちらの手法によることもできます。しかし，ここで検討すべきは，将来の課税関係，すなわち相続税への影響です。

(3) 兄弟会社の関係と親子会社の関係における相続税への影響の差異

例えば，グループ会社が2社あると仮定します。この場合，相続税の計算において，非上場株式の評価額が影響するわけですが，2社の資本関係によって，その結果は異なります。

① 兄弟会社の場合

例えば，株主が兄弟会社の株式を保有している場合を想定します。この場合，株主はA社・B社の株式を直接保有しているわけですから，当然にA社・B社それぞれの株式評価額を相続財産として計算する必要があります。非常にシンプルであるといえます。

② 親子会社の場合

では，親子関係の場合はどうでしょうか。この場合，株主はA社株式のみを直接的に保有します。

では，B社の株式はどのような扱いになるのでしょうか。B社の株式はA社の純資産を構成することで，A社の株式評価額に反映され，間接的に株主の相続財産を構成しています。つまり，A社の株式評価額の計算において，純資産価額による評価が全部，あるいは

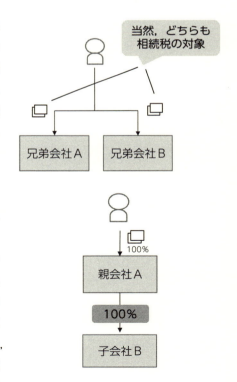

第Ⅰ章 いろいろな論点を網羅していますか？（税法×税法編）

一部について行われる場合には，当該計算においてB社の株式評価額の全部又は一部が相続財産を構成します。個人及び各社の株式評価の関連図は次のとおりです（**ケース4**参照）。

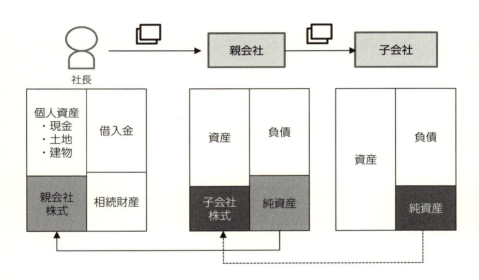

しかし，親会社（本ケースでは，A社）の会社規模が「大会社」であり，類似業種比準価額により評価額を計算する場合において，子会社（B社）の時価ベースにおける株式評価額は，相続財産を直接構成しないことになります[16]。その意味で，A社株式の評価において，B社の評価を切り離すことができるといえます。

---

16 ただし，株式等保有特定会社の論点には注意が必要です（**ケース4**参照）。また，開業後3年未満の会社については純資産価額で評価される点や，そもそも会社分割により評価対象会社の比準3要素が大きく変動する場合に，類似業種比準価額を直ちに適用できるのかという点につき議論があることにも留意が必要です。

これは既存の兄弟会社の関係を，株式交換によって親子関係に再編した場合でも同様であるといえます。例えば，兄弟会社A社・B社について，株式交換でA社を親会社，B社を子会社とする組織再編成をした場合，どのような影響があるでしょうか。

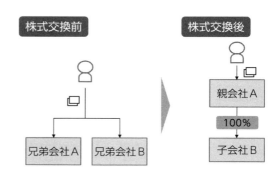

親会社（本ケースでは，A社）の会社規模が「大会社」であり，類似業種比準価額により評価額を計算する場合において，子会社（B社）の時価ベースにおける株式評価額は，相続財産を直接的に構成しません（ただし，B社株式簿価と同額の資本金等の額をA社で計上するため，B社株式は，A社の類似業種比準価額における「純資産価額」の計算において影響を及ぼします）。

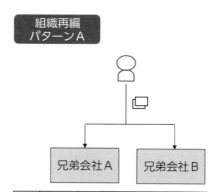

	評価額	会社規模	類似	純資産
A社	300	大会社	300	500
B社	200	中会社（中）	250	200
相続財産	500	A社及びB社を保有している。		

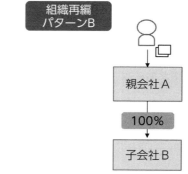

	評価額	会社規模	類似	純資産
A社	300(+α)	大会社	300(+α)	500
B社	200	中会社（中）	250	200
相続財産	300(+α)	A社のみを直接保有。		

※ α：類似業種比準価額の計算要素である「配当」「利益」「純資産」のうち，B社株式帳簿価額が「純資産」に影響

第Ⅰ章　いろいろな論点を網羅していますか？（税法×税法編）

　このように兄弟会社の場合には，そのまま単純に「Ａ社株式＋Ｂ社株式＝相続財産」ということになりますが，親子会社の場合，「Ａ社株式（＋Ｂ社株式の一部の要素）＝相続財産」ということになるため，相続税の計算上，有利・不利が生じます。

　目の前の税金という意味では，どちらの組織再編成によっても組織再編実行時の課税関係に大きく差はありませんが，将来の税金（相続税・贈与税）という意味では，状況が全く異なります。そもそも目の前の税金だけを判断材料にして，グループ会社の資本構成を決めることはないと思いますが，その他検討すべき論点として，オーナーの相続税をも含めた将来の課税の影響も見据えることが大切です。

　本件では，お客様からの提案による組織再編成について，法人税・消費税・所得税の観点から答えを導き出そうとしています。この時点で回答としては及第点にあると思います。

　しかし，相続税のように，今すぐの問題ではなく，時間差で生じてくる問題までケアできたとしたら，お客様の評価はまるっきり変わってくるでしょう。組織再編税制を活用して親子会社や兄弟会社を創出する場合，組織再編成の実行時点で法人税，消費税及び所得税の課税が発生しないスキームを作ることは可能です。一方で，将来の課税という点において，それぞれの資本関係によって相続税が大きく異なるため，非上場会社の組織再編成の裏の主人公は，相続税であると言っても過言ではありません。

75

【ちょっと一言】

■株式等保有特定会社

　ケース4で紹介したように株式等保有特定会社に気をつける必要があります。簡単に説明すると，評価会社の保有する各資産の評価額の合計額のうち，その50％以上が一定の株式等（代表的には子会社株式）である場合には，純資産価額（もしくはS1＋S2方式）で，評価会社を評価するというルールがあります。純資産価額を前提にすると，A社が保有するB社株式はA社の純資産価額を構成し，当該純資産価額でA社の株式を評価するため，兄弟会社としてA社・B社の株式を保有する場合と何ら変わらないどころか，A社が類似業種比準価額を採用することができなくなるため，兄弟会社の状態よりも株式の評価額が上昇する可能性もありうるということになります。したがって，グループ会社がある場合には，株式等保有特定会社の判定に十分気をつけなければなりません。

第Ⅰ章　いろいろな論点を網羅していますか？（税法×税法編）

ケース7

組織再編成後の配当には要注意！
―法人税×相続税―

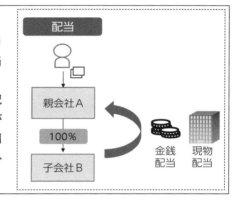

＜ケースの概要＞

100％の親子会社（完全支配関係）の場合，子会社から親会社に配当をすることがあります。

この場合，法人税における受取配当等の益金不算入でも見落としがちな論点がありますし，同時に相続税への影響もある点に注意が必要です。

Case

Sくん：先生。この前ちらっと，親子会社の関係を作る方法として株式移転と会社分割を組み合わせると言ってましたね。あれ，どういうことですか？

I先生：親会社を設立するために株式移転という方法があるんだよ。そして会社分割によって，子会社から親会社へ資産・負債を移転できるんだよ。

Sくん：会社分割って聞くと，結構大変そうですが。

I先生：会社分割をしなくても，例えば子会社の資産を配当という形で親会社に移すことも可能だよ。配当財産は，金銭に限らず現物もOKだよ。

Sくん：へー，そうなんですね。それなら単純そうでいいですね。

I先生：それも，親子会社が完全支配関係ならば，配当に対して税金がかからないから安心だよ。

77

1 落とし穴&ポイント

落とし穴

親子会社が完全支配関係ならば、配当に対して税金がかからないから安心だよ。

ここがポイント

親子会社が完全支配関係における配当の場合でも、ちょっとした違いで全く異なる課税関係が生じます。「いつ」「どの資産を」配当するのか、という点に気をつける必要があります。

2 ポイントの整理

(1) 現金配当vs現物配当（適格現物分配）―計算期間の違い―

完全支配関係における現金配当及び現物配当（適格現物分配）は、親会社の法人税の計算上、その受取配当金の全額が益金不算入になりますが、その要件には大きな違いがあります。

第Ⅰ章　いろいろな論点を網羅していますか？（税法×税法編）

＜受取配当等の益金不算入＞

> 完全子法人株式等に係る配当等の額（全額）は益金不算入となります（法法23①⑤）。
> 完全子法人株式等とは，配当等の額の計算期間の初日からその計算期間の末日まで継続して内国法人とその配当等の額を支払う他の内国法人との間に完全支配関係があった場合のその他の内国法人の株式又は出資をいいます（法法23⑤，法令22の2①②）。

＜適格現物分配＞

> 現物分配法人（内国法人に限ります）と被現物分配法人（内国法人に限ります）との間に完全支配関係がある場合において，金銭等不交付要件を満たす現物分配を実施したときは，その分配は「適格現物分配」に該当します（法法2十二の十五）。適格現物分配の場合には，現物分配法人における現物分配直前の帳簿価額で分配財産を受け入れます（法法62の5③）。また，適格現物分配に係る収益の額は益金の額に算入されません（法法62の5④）。

例えば，株式移転を行って親会社A（資産管理会社）を設立し，当該会社に対して子会社Bから配当（金銭配当もしくは現物配当）をした場合，どのような取扱いになるのでしょうか。

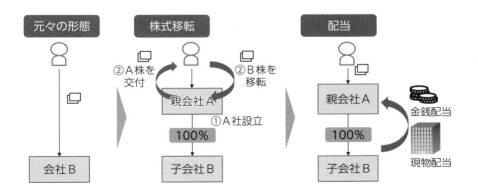

79

金銭配当における受取配当等の益金不算入（完全子法人株式等）と適格現物分配の大きな違いの一つに，その計算期間の取扱いがあります。

① 完全子法人株式等に係る金銭配当の場合

株式移転を実行してすぐに金銭配当をしても完全子法人株式等に係る受取配当等の益金不算入を適用することはできません。「配当等の額の<u>計算期間の初日からその計算期間の末日まで継続して</u>」支配している関係にないためです（法法23⑤，法令22の２①②）。また，関連法人株式等についても同様に，計算期間の定めがあります（法令22①）。したがって，受取配当等の益金不算入の規定としては「その他の株式等」に整理されることになり，受取配当金のうち，その益金不算入割合は50％になります（法法23①かっこ書）。つまり，受取配当金の半分は法人税の課税対象になるため，かなりの課税インパクトになります。

② 適格現物分配の場合

適格現物分配については計算期間の定めはありません。したがって，適格現物分配の直前において完全支配関係が成立しているならば，その受取配当額に関して法人税の課税は生じません（法法２十二の十五）。

このように，両者は類似した制度ではあるものの，適用にあたってはその株式の保有期間により課税される金額が異なるという大きな違いがあります。株式移転以外には，例えばM&Aで会社を買収した際にも，金銭配当の実施前に必ずその計算期間に目を向ける必要があります[17]。

(2) 現金配当vs現物配当（適格現物分配）－配当の性質に応じた株式の評価額への影響－

横断的な思考をするうえで他に重要な点は，相続税への影響です。現金配当と現物配当といっても，それが記念配当などの臨時的な配当なのか，組織再編

---

17 適格合併等により株式を受け入れた場合には，保有期間の引継ぎに係る別の規定があります（法令22の２③）。ただし，株式移転はその対象外とされています。

第Ⅰ章　いろいろな論点を網羅していますか？（税法×税法編）

成の一つとして実施された臨時的な現物分配なのかといったように，配当の性質によっては，株式の評価額の計算，特に類似業種比準価額の計算において違いが生じる可能性があります。

類似業種比準価額の計算は，次のとおりです。

$$
1株（50円）当たりの比準価額 = A \times \frac{\dfrac{Ⓑ}{B} + \dfrac{Ⓒ}{C} + \dfrac{Ⓓ}{D}}{3} \times 斟酌率
$$

$$
1株当たりの類似業種比準価額 = 1株（50円）当たりの比準価額 \times \frac{直前期末の資本金等の額 \div 直前期末の発行済株式数（自己株式控除後）}{50円}
$$

A	類似業種の株価
B	課税時期の属する年の類似業種の1株当たりの配当金額
C	課税時期の属する年の類似業種の1株当たりの年利益金額
D	課税時期の属する年の類似業種の1株当たりの純資産価額（帳簿価額）
Ⓑ	評価会社の1株当たりの配当金額
Ⓒ	評価会社の1株当たりの利益金額
Ⓓ	評価会社の1株当たりの純資産価額（帳簿価額）

ここでポイントになるのは，類似業種比準価額の要素における「配当金額」及び「利益金額」の取扱いです。

① 配当金額の取扱い

配当を支払う側の論点として，「配当金額」の要素に注意する必要があります。

すなわち，通常の金銭配当によった場合は，類似業種比準価額における「配当金額」を構成しますが，記念配当等の将来毎期継続することが予想できない特別な配当は，「配当金額」から除かれます（評基通183(1)）。また，現物分配や自己株式取得によるみなし配当についても同様に，将来毎期継続することが

81

予想されないことを前提にして，その「配当金額」から除かれることとされています。すなわち，実務上，現物配当を毎期実施することは多くないと思われますので，現金配当と現物配当（将来毎期継続する配当ではない前提）では，類似業種比準価額の「配当金額」の計算に違いが生じることになります。

② 利益金額の取扱い

次に配当を受け取る側は，「利益金額」の要素に注意する必要があります。まず，「利益金額」の計算過程は次のとおりです。

＜利益金額の計算過程＞

	法人税法上の課税所得
－	非経常的な利益
＋	受取配当等の益金不算入額
－	配当に係る所得控除
＋	損金算入繰越欠損金

法人税の計算においては，益金不算入とされる受取配当金は，課税所得を構成しません。ただし，類似業種比準価額の計算における「利益金額」の計算においては，受取配当等の益金不算入額は足し戻すこととされています。

一方で，適格現物分配によった場合は異なる取扱いになることも考えられます。例えば，適格現物分配を行った場合は，それが組織再編成に係る一時的なものであるときは，利益金額を構成しないこととされています。これは，「適格現物分配は組織再編成の一形態として位置づけられており，形式的には剰余金の配当という形態をとっているとしても，その収益の発生原因である現物分配としての資産の移転は，通常，組織再編成を目的としたもので，被現物分配法人（評価会社）を含むグループ法人全体の臨時偶発的な行為であるため，通常，その収益の金額は非経常的な利益であると考えられます。」と説明されています[18]。したがって，株式の評価額への影響という点を考えた場合，経常的な金銭配当と臨時偶発的な適格現物分配とでは大きな違いが生じます。

なお，ケース・スタディでI先生とSくんは，金銭配当と並列に現物配当に

第Ⅰ章　いろいろな論点を網羅していますか？（税法×税法編）

関する会話をしています。適格現物分配を1株当たり利益金額の計算に考慮するか否かについては，上記のとおり，適格現物分配が臨時偶発的な行為に該当し，ゆえに非経常的な利益であることが判断基準として重要になります。換言すると，例えば毎期適格現物分配をするようなケースでは，当該適格現物分配を非経常的な利益であると判断することに税務上疑義が生じると言わざるを得ないため，慎重に判断することが求められます。

(3)　その他の改正

　これまでは完全子法人株式等の配当に係る源泉徴収義務が子会社側にありましたが，令和5年10月1日以後の配当については源泉徴収が不要になりました。以前は，配当に係る源泉徴収税額が大きい場合に一時的に資金繰りがひっ迫する点や，仮に源泉徴収漏れをした場合の不納付加算税の影響が大きくなる点などがデメリットとされていましたが，税制改正によりその点は問題がなくなったといえます。

＜まとめ＞

	受取配当等の益金不算入 （完全子法人株式等）	適格現物分配
法人税への影響	100％益金不算入	課税所得を構成しない
法人税の留意点	計算期間に注意	現物分配の直前において完全支配関係があればOK
評価額への影響 （配当の支払側）	経常的な支払配当であれば，配当金額を構成する（記念配当には注意！）	将来毎期継続して配当されることが予想されない場合は，配当金額を構成しない（仮に，毎期継続して現物分配する場合には注意！）
評価額への影響 （配当の受取側）	経常的な配当であれば，利益金額を構成する	臨時偶発的な配当に該当する場合は，利益金額を構成しない

18　国税庁ウェブサイト質疑応答事例「1株当たりの利益金額ⓒ－適格現物分配により資産の移転を受けた場合」https://www.nta.go.jp/law/shitsugi/hyoka/07/14.htm

【ちょっと一言】

■適格現物分配の恐ろしさ

これまで見てきた中では金銭配当より適格現物分配に分がありそうに思えます。しかしながら，現物配当にも怖い論点はたくさんあります。
① 繰越欠損金の使用制限
② 流通税（ケース2参照）

特に，繰越欠損金の切捨てはかなりの影響があるため，慎重に慎重を重ねるくらいの検討が必要になります。

■会社法上の規制

剰余金の配当は無制限に可能なわけではなく，分配可能額が決められています（会社法461）。この点は，現物分配においても同様ですが，現物分配時における分配可能額のチェックは失念しがちであり，注意が必要です。

第Ⅰ章　いろいろな論点を網羅していますか？（税法×税法編）

ケース8

見えざる資産
営業権に要注意！
—法人税×相続税—

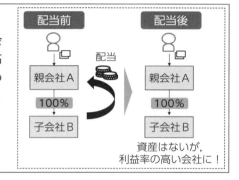

＜ケースの概要＞

親会社Ａ社への配当実施後，子会社Ｂ社は資産が薄く，利益率が高い会社に変貌しました。昨今のROE経営に沿っています。しかし，ここにも落とし穴が……。

Case

～ケース7の続き～

Ｓくん：配当の件，社長と話しました。時期を置いたうえで，まずは現金配当をして，余剰資金の資金管理を親会社で行うことになりました。子会社のほうは元々，現預金がたくさんあるわりに資産をさほど持っていない会社でして，現預金がかなり余っている状態です。

Ｉ先生：なるほど。たしかに，元々コンサルティング活動などがメインで，機械などの装置というよりは，人がビジネスの原動力の会社だもんね。

Ｓくん：金銭配当の後は，子会社は資産がほぼない状態で事業に集中するような会社になります。

Ｉ先生：今回は受取配当等の益金不算入の問題もクリアしているし，今聞いている分には他の税目に影響を与える事象もなさそうだね。<u>配当金の支払いと受取りそれぞれについて，株式の評価額への影響をカバーすれば，おそらく相続税も問題なさそうだね。</u>

1 落とし穴&ポイント

> **落とし穴**
> 配当金の支払いと受取りそれぞれについて，株式の評価額への影響をカバーすれば，おそらく相続税も問題なさそうだね。

> **ここがポイント**
> ケース7の配当の論点をカバーし，かつ，配当金に係る株式評価への影響をきちんと整理すれば，問題は解決しそうに思えます。しかし，資産がない「身軽な会社」となり，かつ，利益率が高い会社の場合，営業権が生じる可能性があります。営業権は株式の評価にかなりの影響を持つことがあります。

2 ポイントの整理

(1) ROEとは

　ROE（自己資本利益率）とは，「Return On Equity」の略で，会社の自己資本を分母にして，当期純利益などの利益を分子にした指標です。要するに，会社が保有する自己資本でどれだけの利益を上げているのかを測る指標です。ROEが高いということは，少ない自己資本で高い利益を上げている，つまり効率的な経営ができていると評価されます。財務分析で使用される指標であると同時に，建設業の経営審査事項における評点の対象にもなっています。ROEが高いことは経営にとって好ましいといえ，経営者はROEを高めること

第Ⅰ章　いろいろな論点を網羅していますか？（税法×税法編）

を経営目標の一つとして掲げることもあります。

　しかし，相続税の世界では，ROEが高すぎると，ある問題が生じることがあります。

⑵　財産評価基本通達における営業権とは

　営業権とは，通常，「暖簾（のれん）とか老舗（しにせ）とか呼ばれている企業財産の一種」であり，「企業が持つ好評，愛顧，信認，顧客関係その他の諸要因によって期待される将来の超過収益力を資本化した価値」であると考えられています[19]。

　財産評価基本通達165では，営業権を評価するために，以下の2つの計算式を用いて算出することとされています。

①	超過利益金額	＝	平均利益金額[※1] × 0.5 － 標準企業者報酬額[※2] － 総資産価額[※3] × 0.05
②	営業権の価額	＝	超過利益金額 × 営業権の持続年数（原則として10年）に応ずる基準年利率による複利年金現価率[※4]

※1　平均利益金額：過去3年間の法人税法上の所得金額に対して，以下の修正を行った所得金額の平均（ただし，3年間の平均が前年度の所得の金額を超える場合，前年度の所得の金額を平均利益金額とする）。

　　　＜修正項目（次の事項はなかったものとして修正をかける）＞

①	非経常的な損益の額
②	借入金等に対する支払利子の額及び社債発行差金の償却費の額
③	損金に算入された役員給与の額
④	控除された繰越欠損金

※2　標準企業者報酬額：※1で算出した平均利益金額によって，次のとおり計算する。

19　松田貴司編『財産評価基本通達逐条解説〔令和5年版〕』（大蔵財務協会，2023年）555頁「165営業権の評価」

平均利益金額の区分	標準企業者報酬額
1億円以下	平均利益金額×0.3＋1,000万円
1億円超3億円以下	平均利益金額×0.2＋2,000万円
3億円超5億円以下	平均利益金額×0.1＋5,000万円
5億円超	平均利益金額×0.05＋7,500万円

※3　総資産価額：課税時期の直前に終了した事業年度末日における総資産の価額（財産評価基本通達により評価した額）

※4　営業権の持続年数に応ずる基準年利率による複利年金現価率：営業権の持続年数に応じて毎年超過利益金額が生じた場合における，営業権の持続年数経過時点における超過利益金額の価値総額を現在価値に置き直すための係数

(3)　営業権の発生可能性

営業権は，超過利益金額の多寡及び発生可能性によって左右されます。

超過利益金額
＝　平均利益金額　×　0.5　−　標準企業者報酬額　−　総資産価額　×　0.05

では，どのような会社に超過利益金額が生じやすいのでしょうか。営業権の算定式を眺めてみると，次のような会社は，営業権の発生可能性が高いといえます。

①　利益金額が恒常的に生じている
②　利益が低いとしても，その原因が高額な役員報酬である
③　総資産がそれほど多くない

昨今のビジネスモデルは，伝統的なそれとは異なり，建物や機械といった固定資産をそれほど保有しないで利益を生み出す会社が増えてきているように思えます。そのような会社は営業権の発生可能性について，詳しく検討する必要があるといえるでしょう。

(4) 本ケースの問題点

本ケースでは，子会社から親会社に対して配当をすることを予定しています。では，配当前後でどのようなことが起こるでしょうか。

まず，配当により子会社の資産及び純資産が減少します。そうすると，資産及び純資産が従前より少なくなりますが，会社の収益性が変わるわけではないので，営業権が発生することがあります。すなわち，超過利益金額の計算上，平均利益金額（×0.5）から控除する金額である総資産価額（×0.05）が少なければ少ないほど，超過利益金額が大きく算出されるため，「利益率が高く，資産の薄い会社」は営業権が発生しやすいといえます。

例えば，子会社の純資産が70であり，そのすべてを親会社に配当することを仮定します（現実的には配当可能限度額がありますが，本例では割愛します）。そして，配当によって子会社の総資産がほぼなくなり，営業権が40生じたとします。

配当前			
親会社の資産			

	簿価	時価	備考
子会社株式	70	70	
合計	70	70	

子会社 貸借対照表（評基通に基づく時価）

資産	100	負債	30
		純資産	70

配当後			
親会社の資産			

	簿価	時価	備考
子会社株式	70	40	配当▲70,営業権40
現金	70	70	
合計	140	110	

子会社 貸借対照表（評基通に基づく時価）

資産	30	負債	30
営業権	40	純資産	40

この場合，子会社側の資産が親会社に移ることだけを考えると，親会社としては子会社株式の純資産価額が減り，一方で配当資産が増加するため，時価純資産に変動はありません。しかし，子会社側で営業権が発生すると，その分の価値の増加もまた，子会社株式の純資産価額に反映されます。上記はイメージしやすいように，純資産価額をベースに示したもので，実際は類似業種比準価額による計算の影響もあるため，営業権の増加がそのまま子会社株式の評価に反映されるとは限りませんが，いずれにせよ配当後の子会社の数値に基づいて，営業権を考慮したうえで子会社株式の評価額を計算することが重要になります。

特に，株式等保有特定会社の判定に影響を及ぼす可能性がある点には，十分気をつける必要があります。例えば，子会社からの配当により，子会社株式以外の資産が増え，子会社株式以外の財産が資産全体の50％以上を占めたとします。これだけを見ると，株式等保有特定会社に該当しなくなったといえます。しかし，実は子会社に営業権が生じており，子会社株式の価値もまた増加している場合には，株式等保有特定会社の判定に影響が生じることになります[20]。したがって，配当を実施した場合には，営業権の発生に気をつけながら配当実施後のバランスシートをもとに子会社株式の評価額を算定することが大切です。

20　なお，子会社から親会社に対して多額の配当を行う場合，子会社株式簿価減額特例によって簿価に修正が入る可能性もあります（法令119の3⑩）。

第Ⅰ章　いろいろな論点を網羅していますか？（税法×税法編）

　なお，営業権の論点は，子会社株式に限らず，直接保有している会社の株式評価上も考慮する必要があります。つまり，グループ会社それぞれの株式評価に登場する論点であり，それぞれの会社ごとに営業権の発生の有無や評価額を算定する必要があります。

【ちょっと一言】

■財産評価における網羅性の恐ろしさ
　私が考える財産評価の最も恐ろしい論点は，<u>帳簿に計上されていない資産</u>の評価です。例えば，その典型例である借地権は，貸借対照表には計上されていないものの，地代家賃などの損益計算書の項目から間接的にその事実に気づくことができます。
　しかし，営業権は計上の足掛かりが貸借対照表にも損益計算書にもないため，最初から営業権の論点があることを前提に，その算式に当てはめて営業権の発生可能性や評価を実施しなければなりません。
　本ケースは以前に私が遭遇した事例であり，恥ずかしながら営業権の発生可能性に言及しないまま配当金の受払いによる資金の移転を計画していました。そのときは，コンサルティングとして入っていた金融機関に詳しい方がいて，事前に質問をいただいた時に初めてその可能性に思いが至りました。実行前だったので事なきを得ましたが，かなりの冷や汗をかきました。営業権の金額次第では，実行後の株式の評価額にかなりの影響を与える可能性があるので十分な注意が必要です。

91

ケース9

持分なし法人の交際費には気をつけろ
―所得税×法人税―

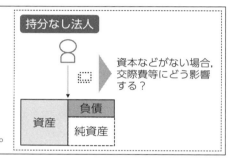

<ケースの概要>
資本又は出資のない法人の場合，交際費等の定額控除限度額が一定時点から消滅する可能性があります。医療法人化を進めるうえで，特に交際費等の支出が多い方には事前にアナウンスすることが大切です。

Case

Gさん（医師）：所得税の税率が高いですし，同業者はみんな医療法人化を進めているんですが，うちもそろそろ医療法人化したほうがいいでしょうか？

I先生：医療法人化を進めるうえで，所得税と法人税の税率差は非常に重要です。ですが，私が考える医療法人化の分水嶺は，後継者がいるかいないかだと思っています。この点はいかがですか？ 今の医療法人は持分，つまり株式のようなものがないので，継いでくれる人の存在が重要なのです。

Gさん：子どもが継いでくれそうです。

I先生：なるほど。医療法人にお金を貯めて，あとはご子息がそれを継いでいければ，OKです。あと先生，医療法人化すると個人のときとは違って，交際費の枠が800万円になります。

Gさん：年間800万円も使いませんよ。その半分くらいかな？

I先生：それなら安心ですね。出資がないので，その分の相続税もかかりません。<u>交際費は800万円までは使えるので，無茶な経費はダメですが，先生の場合，個人時代とそう変わらないと思いますよ。</u>

第Ⅰ章　いろいろな論点を網羅していますか？（税法×税法編）

1　落とし穴&ポイント

交際費は800万円までは使えるので，無茶な経費はダメですが，先生の場合，個人時代とそう変わらないと思いますよ。

ここがポイント

法人化するときに，顧問先から「何が変わるのか？」という点をいろいろと聞かれると思います。一般的には法人税の説明や，所得税と法人税の税率差など，法人成りにおける税務上の論点を説明すれば事足ります。ただし，出資持分のない法人の場合は，交際費等の損金不算入が盲点になりがちなので，注意が必要です。

2　ポイントの整理

(1)　交際費等の損金不算入制度の概要

租税特別措置法上，交際費等について，次のいずれか多い金額が損金に算入されます。

① 一定の接待飲食費の50％相当額（措法61の4①）
② 定額控除限度額800万円に達するまでの金額（措法61の4②）

①については，資本金の額又は出資金の額が100億円以下である法人が対象になるため，ほとんどの法人はその対象になると思います。一方，②は中小法人（期末の資本金の額又は出資金の額が１億円以下の法人）のうち，一定の法人[21]が対象になりますので，中小企業の多くが該当することになります。

しかし，本ケースのように，そもそも資本金もしくは出資金が最初から存在しない法人については，別途ルールがあります。この点は実務的には見落とされがちであるといえます。

⑵ 持分の定めのない医療法人（資本又は出資を有しない法人）の場合の交際費等の損金算入限度額

持分の定めのない医療法人の場合，資本金又は出資金を有しない法人として交際費等の損金不算入額の計算をします。これは一見すると，資本金・出資金が１億円以下の中小法人と同じように思えますが，別の規定が設けられている点に注意が必要です。

＜持分の定めのない医療法人で，資本金の額又は出資金の額に準ずる額として計算される金額（措法61の４①かっこ書，措令37の４①一）**＞**

資本金の額又は出資金の額に準ずる額：

（期末純資産額－当期利益（当期損失の場合加算））$\times \dfrac{60}{100}$

資本金１億円が，交際費等の定額控除限度額を適用できるか否かのボーダーラインになります。つまり，

（期末純資産額－当期利益（当期損失の場合加算））$\times \dfrac{60}{100} > 1$ 億円

とすると，

21　大法人（資本金の額又は出資金の額が５億円以上の法人）との間に完全支配関係がある法人等は除かれます。

第Ⅰ章　いろいろな論点を網羅していますか？（税法×税法編）

$$(期末純資産額 - 当期利益（当期損失の場合加算）) > 1億円 \times \frac{100}{60} \fallingdotseq 1.66億円$$

　つまり，おおよその目安として，期末純資産額が1.67億円を超えてくると，定額控除限度額が消滅することになります（当期利益を加味して期末純資産額が1.67億円の場合，当期利益は差し引かれますが，その翌期などは要注意です）。
　株式会社の場合は，増資などの特殊な事情がない限りは資本金が1億円を超えることはありません。しかし，医療法人などの場合には，通常の事業を行っている過程でいつの間にか交際費等の定額控除限度額が消滅することもあるため注意が必要です。ただし，一人当たり10,000円以下の社外飲食費や，交際費等のうち一定の社外飲食費の50％相当額は損金とすることができます。

【ちょっと一言】

■交際費を侮ることなかれ
　法人成りを検討しているお医者さんとお話ししていると，交際費について気にされている方が多いような気がします。「医療法人が儲かると，場合によっては交際費が1円も損金になりませんよ」，そう伝えることは極めて重要です。交際費は伝統的な論点であるからこそ，「たかが交際費，されど交際費」の視点を持って事前に顧問先に説明することが大事です。

ケース10
意図せずに不動産収入を上げると
―所得税×消費税―

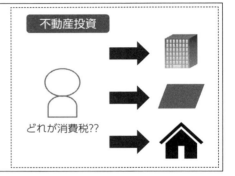

<ケースの概要>
不動産賃貸に関する消費税は，借主の属性，契約内容，不動産の内容をきちんと整理しないと，いつの間にか納税義務が生じているという事態になりかねません。特に，不動産賃貸業を本業としていない場合には，注意が必要です。

Case

Aさん：私の個人所有の不動産を会社に貸しているんだけど，老朽化していることもあって，一部増改築したいと思っているんだよ。

I先生：増改築した分，賃貸収入を増やしてくださいね。

Aさん：うん，わかった。あと，一部駐車場用地も新しく貸そうかと思って。更地ではなくて，ちょっときれいにして。

I先生：たしかに，従業員さんが増えていますしね。ちょっと今の駐車場だと狭いですかね。

Aさん：他にもいくつか不動産を賃貸しているよね。基本的には学生さんの居住用なんだけど，一部，起業したいと言っている人もいて，ちょっと用途が変更になるかも。

I先生：社長はたくさん不動産を貸していますものね。社長の不動産所得と役員報酬によっては，所得税の税率が上がってしまうかもしれません。<u>一番は所得税の税率を抑えることですね。</u>

第Ⅰ章　いろいろな論点を網羅していますか？（税法×税法編）

1　落とし穴＆ポイント

落とし穴
一番は所得税の税率を抑えることですね。

ここがポイント
賃貸物件の数が多くなっていくと，いつの間にか消費税法上の課税売上高が1,000万円を超えてしまい，消費税の納税義務が生じてしまうこともあるので，注意が必要です。また，民泊のような新しい業態にも注意が必要です。

2　ポイントの整理

(1)　地代の整理

　賃貸収益の内容としては，大きくは地代と家賃の2つがあります。
　地代は，消費税法上は原則的に非課税取引になります（消法6，別表第2一）。ただし，1か月未満の短期貸付けの場合や，フェンスなどで囲っている場合，地面をアスファルトなどで整備している場合などには，土地の貸付けではなく，駐車場施設の貸付けという整理になり，課税売上げとなります（消令8，消基通6-1-5他）。いわゆる青空駐車場として土地を貸している場合には，地代は非課税売上げとして問題はないのですが，本ケースのように「ちょっときれいにして」駐車場を貸す場合に，何をどこまで「きれいに」するのかというところで消費税の判定が変わることに注意しなければなりません。

97

＜判断要素（消令8，消基通6－1－5）＞

- 駐車している車両の管理を行っているか
- 地面をアスファルト舗装する，ロープを張るなどの整備がされているか
- フェンスや看板などの設備が設置されているか
- 建物，野球場，プールなどの施設の利用に伴って土地が使用されているか

　駐車場か土地（更地）の貸付けかの判定は実態判断を伴います。課税区分を判定する際に，まずは保守的に考えるほうが安全であると考えます。

タックスアンサーNo.6225「地代，家賃や権利金，敷金など」[22]

（地代）
　土地の譲渡や貸付けは，消費税の課税の対象とならないこととされています（非課税取引）。なお，土地の貸付けのうち，貸付けに係る期間が1か月に満たない場合および駐車場その他の施設の利用に伴って土地が使用される場合は，非課税にはなりません。

(2)　家賃の整理

　家賃が課税取引か否かは，その賃貸借の目的が「事業用」か「居住用」かによります。なお，この判定の大前提は契約書における賃貸借の目的・用途になります。つまり，契約書上，「居住用（住居用）」と明示されていれば，その家賃は非課税取引ということになります。

　換言すると，契約書上で「居住用（住居用）」であるならば，実態は事務所として利用する場合であっても居住用ということになります（消法別表第2十三）。

22　国税庁ウェブサイトhttps://www.nta.go.jp/taxes/shiraberu/taxanswer/shohi/6225.htm

第Ⅰ章　いろいろな論点を網羅していますか？（税法×税法編）

＜消費税法別表第２＞

十三　住宅（人の居住の用に供する家屋又は家屋のうち人の居住の用に供する部分をいう。）の貸付け（当該貸付けに係る契約において人の居住の用に供することが明らかにされている場合（当該契約において当該貸付けに係る用途が明らかにされていない場合に当該貸付け等の状況からみて人の居住の用に供されていることが明らかな場合を含む。）に限るものとし，……以下略）

　また，実務上，用途変更の取扱いに関する国税庁の質疑応答事例も非常に参考になります。

質疑応答事例「用途変更の取扱い」[23]

照会趣旨：
　住宅として借りた建物を賃貸人の承諾を得ずに事業用に使用した場合の消費税の取扱いはどうなるのでしょうか。
回答要旨：
　賃貸借に係る契約において住宅として借り受けていた建物を，賃借人が賃貸人との契約変更を行わずに事業用に使用したとしても，当該建物の貸借料は課税仕入れには該当しません。
　なお，貸付けに係る契約において住宅として貸し付けた建物について，その後契約当事者間で事業用に使用することについて契約を変更した場合には，その用途変更の契約をした後においては，課税資産の貸付けに該当し，仕入税額控除の対象となります（基通６－13－８）。

　なお，令和２年度の税制改正において，「契約において貸付けの用途が明らかにされていない場合にその貸付け等の状況からみて住宅用に供されていることが明らかなもの」は，居住用として判定されることになりました（上記下線部分）。

23　国税庁ウェブサイトhttps://www.nta.go.jp/law/shitsugi/shohi/09/05.htm

99

＜判断要素（消法別表第２十三，消令16の２，消基通６－13－１～７）**＞**

- 契約書の賃貸借の目的が「居住用」か「事業用」か「記載がない」か
- 期間が１か月未満か否か（マンスリーマンションは原則非課税）
  ※ただし，旅館業や民泊などは１か月の判定ではなく，事業となるため，課税
- 法人に貸すものの，社宅として転貸する場合，その旨が契約等で明らかであれば消費税は非課税

(3) 不動産の内容を見極めよう

　このように不動産収入と言っても，その内容によって消費税の課税・非課税が分かれます。そのため，賃貸物件を数多く持っている方は，その内容を一物件ごとに整理しておくことが重要です。最初のうちはその物件が何の用途なのか，一つずつ正確に把握すると思いますが，数が多くなるにつれて，不動産収入があることが通常の感覚になってしまい，不動産所得を正確に計算することや，全体としての所得税率にばかり目が行ってしまいがちです。

　私が実務において当たった事例は次のとおりです。

- 社長から会社への賃貸面積が増えていき，意図せずに課税売上高が1,000万円を超えそうになった。
- 借主の都合で，いつの間にか事業用の賃貸に契約書が変更されていた。それまでは個人への住宅用の賃貸であったため，オーナーはそれが課税取引になるという認識がなかった。
- （最初は）更地の状態で貸していた青空駐車場を途中で舗装して駐車場として貸していたが，消費税の課税関係に影響があることをオーナーが認識していなかった。

第Ⅰ章　いろいろな論点を網羅していますか？（税法×税法編）

【ちょっと一言】

■不動産所得の収入の内訳を埋める前に
　不動産所得の収入は，通常は確定申告時期に情報の収集及び内容の精査をすることになると思います。そして，確定申告の時期に事業用物件の不動産収入（課税売上高）が1,000万円を超えることに気づいても，その翌年（申告対象年の翌々年）の消費税の納税義務は確定してしまっているため，お客様にとっても，税理士にとっても目も当てられない状態になります。
　不動産賃貸を多く行っている顧問先に対しては，定期的な連絡を通じて，
① 不動産賃貸に関する消費税の取扱いを説明すること（タックスアンサーの説明など）
② 税理士事務所が不動産賃貸事業の中身を理解すること
が重要です。特に①が重要であると思います。個人の方で消費税の申告義務がない方は，消費税の確定申告という概念がそもそも頭にありません。そうすると，何気なしに契約の変更などをしてしまいがちです。
　不動産収入と消費税，なかなか怖い問題です[24]。

24　さらに取引先から，適格請求書（インボイス）発行事業者になってほしいと要請を受けることもあるかと思います（例えば，事業者に駐車場を賃貸している場合など）。この場合，納税義務者になることによる消費税の負担と，納税義務者にならない場合に取引先との交渉の結果，賃料を減額する可能性及びその減額幅との比較を検証するといった論点が生じることもあります。

101

ケース11

DESで相続財産を
減らそうと思ったら
―相続税×法人税―

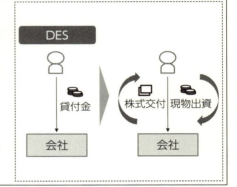

<ケースの概要>
会社に対する役員貸付金は，通常はその貸付金額が相続財産として評価されます。その貸付金を会社に対して現物出資をすることで，株式となり，その評価方法が変わることで相続財産を圧縮することが考えられます。この取引に何か落とし穴はないでしょうか？

Case

Aさん：年齢が年齢だし，何があってもいいように，自分の財産をまとめているんだよね。その中で，会社に対して貸付金があるよね。このまま持っていると相続財産になる？

I先生：はい，貸付金は相続財産になります。

Aさん：返済してもらうと，会社の資金繰りを圧迫するしなあ。困ったな……。

I先生：それでしたら，貸付金を現物出資という形で株式に変換すれば，もしかすると評価額が圧縮されるかもしれませんよ。会社の財産が減るわけでもないですし，いいかもしれません。

第Ⅰ章 いろいろな論点を網羅していますか？（税法×税法編）

1 落とし穴&ポイント

会社の財産が減るわけでもないですし，いいかもしれません。

ここがポイント

個人の相続税対策の余波として，会社に思わぬ法人税負担が生じる可能性があります。会社が関係する場合，必ずいろいろな税目を横断的にチェックしましょう。

2 ポイントの整理

(1) デット・エクイティ・スワップ（DES）とは

DESとは，Debt（負債）Equity（資本）Swap（交換）の略称であり，文字通り，会社側から見た負債と資本を交換することをいいます。

例えば，社長が会社に運転資金を貸し付けている場合を想定します。DESによった場合，この貸付金（会社からすると借入金）を資本に組み入れることになります。

＜イメージ＞

社長サイド：会社に対する貸付金 ⇒ 現物出資したうえで，株式を取得する。
会社サイド：社長からの借入金 ⇒ 資本金（及び資本準備金）に変換する。

103

企業再生の局面においてDESは活用されます。有利子負債を資本に変えることで，会社の資金繰りが楽になるため，金融機関などの債権者が同意してくれる場合には，選択肢として非常に有用なものといえます。

(2) 相続税対策におけるDESの活用可能性

　一方で，相続税対策としてのDESの活用可能性も考えられます。例えば，次の例を取り上げます。

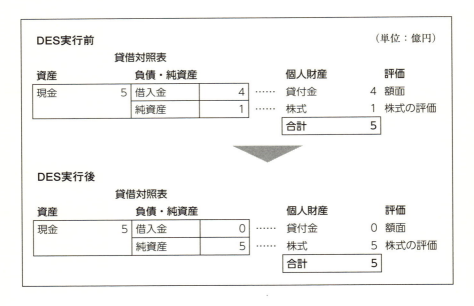

　相続税対策の肝の一つは，個人財産を圧縮させることです。上記の例のように，貸付金4億円が株式4億円に変化するならば，見かけ上では評価に影響がないように思えます。しかし，評価方法の違いによって，相続税評価額を圧縮することが可能になります。

第Ⅰ章　いろいろな論点を網羅していますか？（税法×税法編）

貸付金：返済されるべき金額（額面）（評基通204）
非上場株式：類似業種比準価額法などの計算方法による（評基通168，178～
　　　　　189－6）

　つまり，貸付金の評価は，通常はその貸付金額が返済されるべき金額になる
ため，この例の貸付金は，財産評価基本通達上では，4億円と評価されます。
　一方で，株式は類似業種比準価額と純資産価額に基づいて評価するため，評
価対象会社の財産・損益の状態によっては，貸付金4億円よりも下がる可能性
があります。さらに，役員退職金などを活用して利益を圧縮するなどの方法と
組み合わせることで，貸付金の10分の1くらいの価値にすることなども計算上
は可能になります[25]。

⑶　気をつけるべきは会社側の処理

　DESで気をつけるべきは会社側の処理です。つまり，相続税はあくまで個人
財産についてどのように対策を立てるかに焦点を当てますが，一方で，その表
裏に当たる会社側の会計・税務処理をきちんと整理しないと思わぬ課税関係が
生じます。
　例えば，債務超過の会社を例に検討していきます。

25　ただし，他の株主がいる場合，みなし贈与（相法9）の論点が生じる点には注意が必要です。

105

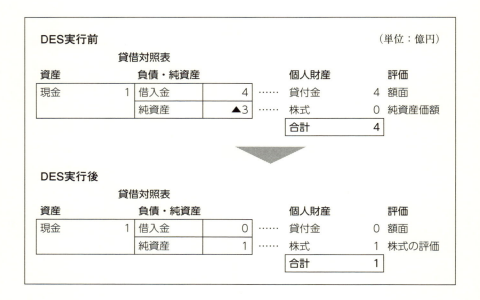

　この場合，会社の処理は次の2つのステップを考えます。

① **現物出資の受入**

　社長の会社に対する貸付金について現物出資を受けたと考えます。

② **債権と債務の混同**

　現物出資を受け入れた会社（被現物出資法人）において，債権と債務の混同が起きるため，これらは相殺により消滅します。

第Ⅰ章　いろいろな論点を網羅していますか？（税法×税法編）

＜仕訳例＞

①　現物出資の受入

借方	金額	貸方	金額
貸付金 [注1]	1	資本金等の額	1

（注１）現物出資財産は時価[注2]で受け入れることになります（本設例では１）。つまり，個人から法人への現物出資は非適格現物出資に該当し（法法２十二の十四），現物出資財産は被現物出資法人において時価で受け入れられ，同額の資本金等の額が増加します（法令８①一）。

（注２）債権の時価について明確な算定手法は示されていませんが，国税庁の文書照会の回答事例では，合理的に見積られた回収可能額として，一定の説明[26]がされています。

②　債権と債務の混同

借方	金額	貸方	金額
借入金	4	貸付金	1
		債務免除益	3

　債務は帳簿価額で消滅する一方，債権は時価で受け入れるため，差額が生じます。つまり，現物出資をする債権の時価が額面を下回る場合（債務超過会社の場合，時価が額面より下がることが想定されます）に，会社に債務免除益が生じるということになります。この場合，会社に繰越欠損金があればその債務免除益の影響を排除することが可能になりますが，そうでない場合（例えば，欠損金が期限切れの場合など），法人税の課税が生じることになります。

　このように，相続財産を減らす一方で，会社側に債務免除益が生じてしまうと，相続税と法人税の金額次第では，全体としての税額でマイナスになる可能性があります。DESにおける債務免除益の可能性には十分目を配らなければなりません。

26　国税庁ウェブサイト文書回答事例「企業再生税制適用場面においてDESが行われた場合の債権等の評価に係る税務上の取扱いについて」（平成22年２月２日）https://www.nta.go.jp/law/bunshokaito/hojin/100222/index.htm

107

【ちょっと一言】

■債権の時価評価の難しさ

私は実務において，財産評価基本通達による評価以外に，第Ⅱ章ケース17で説明するディスカウント・キャッシュ・フロー法（DCF法）による評価など，いわゆる企業会計やファイナンスの考え方に基づく評価を行うことがあります。その中で，時価を評価する際には常に不確実性が伴うことを痛感しています。

本件のDESでもそうですが，その「時価」とは何なのかを検討することが最大のポイントです。そして，時価評価の算定にはある程度の経験と知識が必要です。自分の力ではどうしようもないときは，スキーム立案時点において外部の専門家に評価を依頼することも視野に入れる必要があります。また，時価の測定には必ず不確実性が伴うことを顧問先に伝えることは非常に重要です。

■DESを実行する目的

本設例では債務免除益が発生しましたが，DES実行時点における課税所得や，繰越欠損金の活用可能性を考慮したうえで，債務免除益が発生した場合に生じる最大の法人税負担を想定する必要があります。そして，その金額を顧問先に示して同意を得ることが重要になります。

また，そもそも相続税の負担を避けることを目的としたDESの実行は，租税回避として認定される可能性が十分にあります。あくまで会社の事業の継続性その他，DESをすることに合理性がある状況下において初めて検討の俎上に上がることが大前提になります[27]。

■その他

以下の点にも注意が必要です。

27　なお，債務免除益の問題を回避するために，いわゆる疑似DESの活用可能性もあると思われますが，いずれにせよ租税回避の認定の問題は生じうると考えます。

第 I 章　いろいろな論点を網羅していますか？（税法×税法編）

- 資本金の増加に関して，登録免許税の負担を伴う。
- 事業年度末日において資本金が１億円を超えてしまう場合に，外形標準課税の適用となる[28]。また，中小法人の特例なども適用できなくなる。
- DES実行後の資本金等の額が厚くなることで，比準要素数１の会社になる可能性がある。

　特に，最後の「比準要素数１の会社」の問題は見落としがちな論点です。類似業種比準価額の計算上，１株当たりの配当金額・利益金額・純資産価額は，「資本金等の額÷50円」で算出した株式数（１株当たりの資本金等の額を50円とした場合の発行済株式数）を分母として算定します。資本金等の額がかなりの金額になると，この株式数が大きな値になります。そうすると，比準要素の算定上，１株当たり配当金額は10銭未満切捨て，１株当たり利益金額は円未満切捨てとされることから，実際に配当や利益が出ていても，比準要素という意味で，配当や利益がない会社として判定される可能性が生じます。このような場合，配当や利益の金額を多く計上しない限りは「比準要素数１の会社」として判定され続けることになるため，株式の承継対策上，不利な状況になるといえます。

　DESに限らず，資本金等の額が増加する場合に「比準要素数１の会社」になることは，実務上の盲点になりやすいので要注意です。

28　令和６年度税制改正における，減資に係る外形標準課税の改正についても留意が必要です。

ケース12

（番外編）印紙税って……？
—印紙税×電子契約×電帳法—

		税法				
What How		法人税	所得税	消費税	相続税	その他
	法人税					
	所得税					
	消費税					
	相続税					
	その他					○

＜ケースの概要＞
昨今，電子帳簿保存法の運用が本格化していることで，電子契約が普及しています。ちょっとした番外編になりますが，印紙税と電子契約の関係を取り上げたいと思います。

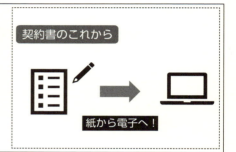

契約書のこれから
紙から電子へ！

Case

Sくん：先生，最近印紙税のことを聞かれてふと思ったのですが，印紙税は税理士の業務範囲外ですよね？

I先生：うーん，その質問はなかなか難しいね。たしかに税理士法2条の税理士の業務を読むと，業務から外れているよね。

Sくん：となると，答えなくてよい？

I先生：2条から外れているから答えなくてよい，というのは現実的ではないよ。お客さんからしたら，印紙税だもの。もちろん責任は取れないし，報酬ももらえないけれど。

Sくん：たしかに……。

I先生：で，ここ2，3年で思うんだけど，電子契約が本当に重要になるよね。電子帳簿保存法もいよいよ宥恕期間が終わったし。

Sくん：電子契約？

110

第Ⅰ章 いろいろな論点を網羅していますか？（税法×税法編）

1 落とし穴＆ポイント

電子契約がこれからますます増加していくことを考えると，ある意味，印紙税に対する答えの一つになるのでは，と考えます。

2 ポイントの整理

(1) 印紙税と電子契約

　税理士のうち，おそらく95％以上の方は印紙税について質問を受けたことがあるでしょう。もちろん，95％は想像に過ぎませんが，ほとんどの方が同意してくれるのでは，と思います。そして，「請負か委任か」といった印紙税における典型的な論点についても，契約書を読んでいくと判断に窮することが多いと思います。そうした中，電子契約は実務上，印紙税の対象とはされていないことから，その重要性が高まっているといえます。

　まず，印紙税法において，電子契約は印紙税の対象外であると明文化されているわけではありません。解釈論として電子契約は印紙税の課税文書ではないとされています。

　その論拠は概ね次のとおりです。

111

① 課税文書の定義

法に規定する課税文書の「作成」とは，単なる課税文書の調製行為をいうのでなく，課税文書となるべき<u>用紙等</u>に課税事項を記載し，これを当該文書の目的に従って行使することをいう（印紙税法基本通達44）。

したがって，電子契約は紙でないために課税文書の作成には該当しないと考えられます。

② 印紙税法別表に電子文書の記載がないこと

③ コミットメントライン契約に係る国税庁の回答

次の回答をもとに，電子データについては印紙税の課税原因ではないと考えられています。

「コミットメントライン契約に関して作成する文書に対する印紙税の取扱い」[29]

（問2）

問1の文例3から文例6までの文書（筆者注：コミットメントライン契約に関する以下の文書（請求書・借入申込書・領収書等の文書））について，借入人から貸付人に文書を交付する代わりに，ファクシミリ通信や電子メールを利用して送信する場合，印紙税の取扱いはどうなりますか。また，ファクシミリや電子メールで送信した後に，持参するなどの方法により改めて正本を交付する場合はどうなりますか。

（答）

1. 請求書や領収書をファクシミリや電子メールにより貸付人に対して提出する場合には，実際に文書が交付されませんから，課税物件は存在しないこととなり，印紙税の課税原因は発生しません。

また，ファクシミリや電子メールを受信した貸付人がプリントアウトした文書は，コピーした文書と同様のものと認められることから，課税文書としては取り扱われません。

29　国税庁ウェブサイト https://www.nta.go.jp/law/joho-zeikaishaku/inshi/5111/01.htm

第Ⅰ章　いろいろな論点を網羅していますか？（税法×税法編）

> 2.　ただし，ファクシミリや電子メールで文例3から文例6までのような文書を送信した後に，改めて，文書を持参するなどの方法により正本となる文書を貸付人に交付する場合には，その正本となる文書は，それぞれ印紙税の課税文書となります。

　他にも文書課税である印紙税においては，電磁的記録により作成されたものについては課税されないこととする国会答弁[30]などもその理由として挙げられています。

　このように，明文で規定されていないものの，条文の解釈あるいは国税庁からの回答を踏まえて，実務上，電子契約は印紙税の課税文書にはならないとされています。

　個人的には，電子帳簿保存法などをはじめ，国として電子化を推し進めているわけですから，解釈論ではなく，明文として電子契約は課税文書ではないとしていただけるとすっきりすると思っていますが，現状の実務ではこのようになっています。

(2)　電子帳簿保存法

　契約書は国税関係帳簿書類に該当するため，電子契約で締結された契約書データは電子帳簿保存法にて保存が義務づけられています。2年の猶予期間を過ぎ，令和6年1月から全企業において電子帳簿保存法による電子取引データのデータ保存が義務化されたため，ある意味，電子帳簿保存法の対応の中で電子契約を推し進める環境にあるといえます。

　印紙税の観点と電子帳簿保存法の観点を考えると，令和6年が電子契約元年といえるかもしれません。

30　第162回国会答弁書第9号

113

【ちょっと一言】

■そもそも印紙税って……？

　印紙税とは，「各種の経済取引に伴い作成される文書の背後にある経済的利益に担税力を見出し，負担を求める税」であると財務省は説明しています[31]。つまり，経済的取引をするうえで文書が作成され，その文書の背後にある取引で利益を得ているのだから，担税力があるはずで，税金を払いなさいということでしょうか？　ただし，その利益に基づく担税力に対しては，法人税・所得税が課されるはずですし，一定の取引行為それ自体には消費税が課されるはずですし，取引行為ではなく文書に課税されるのならば，紙に担税力なんてものはないので，背後にある取引行為に基づく担税力ならば法人税・所得税に……といった具合に，議論が堂々巡りとなり，以前からこの解釈の意味を見出せずにいます。文書の背後にある経済的利益とは，契約による法的安定性のこととも思いますが，法定安定性（もしくは文書）それ自体に担税力はないようにも思えます。そして，法的安定性の背後にある取引に基づく担税力ならば，法人税・所得税に……（以下，同じ）。

　ましてや，電子契約と紙の契約とで，実態としての担税力に差異はないと思うのですが，この点についてはいかがでしょうか（だからと言って，電子契約に印紙税を課すべきとは思いません。これは前段のとおりです）。

　印紙税に関する実務に直面するたびに，そもそもこの税って……？　と疑問に思うこと，しばしばです。

31　財務省ウェブサイト「印紙税に関する資料」https://www.mof.go.jp/tax_policy/summary/property/e09.htm

114

第Ⅱ章

いろいろな論点を網羅していますか？

（税法×関連分野 編）

税法や関連分野を横軸に

		税法					関連分野				
		法人税	所得税	消費税	相続税	その他	会計	民法	会社法	労務	ビジネス
What	対象	第Ⅰ章					第Ⅱ章				
How	手段・程度										
When	時間・期限	第Ⅲ章									
Who (m)	当事者	第Ⅳ章									
Where	場所										
Why	理由・目的	第Ⅴ章									

5W1Hを縦軸に

No.	題　名	項　目
13	税務が将来のビジネスに影響を与える!?	相続税＆贈与税×ビジネス
14	怖いぞ遺留分！	相続税×民法
15	税法が訴訟の決着を変える!?	相続税＆所得税×民法
16	税法上の株式評価	税法×会計×民法×会社法
17	会計上の株式評価	税法×会計×会社法
18	民法上の株式評価	税法×民法×会社法
19	最近は特に注意！　未払残業代	法人税＆所得税×労務
20	扶養はどっちの話？	所得税×労務
21	安易に税務調整すればよいと言っていませんか？	法人税×会計
22	単純ではない税効果会計	法人税×会計
23	組織再編成と従業員持株会	法人税（法人住民税）×民法
24	（番外編）Excelを過信していませんか？	税法×PC

115

1 税法・関連分野におけるWhat・Howの論点

　第Ⅰ章では，税法間におけるマトリックス的思考を取り上げました。

　しかしながら実務においては，税法間における論点とは別に，税法と隣接する他の分野についても目を配らなければなりません。隣接する分野から税法に（あるいはその逆に）問題が飛び火することが起こりうるためです。例えば，民法を知らずに相続案件に取り組むことには，かなりのリスクがあります。これは直感的にわかるかと思います。

　本章では，税法を縦軸にして，横軸に関連分野を置いたマトリックス的思考について考えていきたいと思います。

2 税理士が接する関連分野とは

　ただし，税法との関連分野と言っても，その範囲は限定されます。もちろん，わかる領域が広ければ広いほど武器になりますが，例えば，税理士が刑法に詳しいとしても，実務で関係することはあまりないでしょう。

　本章では，代表的に，「会計」「民法」「会社法」「労務」「ビジネス」の5つを切り取って，マトリックス的思考を探っていきたいと思います。

　第Ⅰ章と同じようにケース・スタディを通じて具体的に見ていきますが，次表はそのケース・スタディを一覧化したものです。目次代わりにご活用いただければ幸いです。

第Ⅱ章　いろいろな論点を網羅していますか？（税法×関連分野編）

関連分野を横軸に

		関連分野				
		会計	民法	会社法	労務	ビジネス
What How	法人税	*16・17・21・22・23*	*23*	*16・17・18*	*19*	*24*
	所得税	*16・17*	*15・16・18*	*16・17・18*	*19・20*	*24*
	相続税	*16・17*	*14・15・16・18*	*16・17・18*		*13・24*

各税目を縦軸に

＜登場人物紹介＞

人　物	性格・背景	ケース
税理士Ｉ先生	独立10年目の税理士。勉強熱心だが，早とちり。もう少し俯瞰して物事を見たいと日々反省。	すべて
従業員Ｓくん	Ｉ事務所の従業員。根はまじめだが単純＆強気。根拠なき自信でＩ先生がたじたじになる。	*16・17・18・20・24*
社長Ａさん	Ｉ先生の昔からの顧問先。様々なビジネスに挑戦するアイディアマン。	*14*
後継者Ｂさん	Ａ社長の長男であり，後継者候補。	*13・15*
弁護士Ｙ先生	Ｉ先生と付き合いがある弁護士。	*15*
経理部長Ｚさん	上場準備会社の経理部長。	*19・21・22・23*

ケース13
税務が将来のビジネスに影響を与える!?
― 相続税 & 贈与税 × ビジネス ―

		関連分野				
		会計	民法	会社法	労務	ビジネス
What How	法人税					
	所得税					
	相続税					○

<ケースの概要>
課税関係が今のビジネスに影響を与えることはよくあります。しかし，課税関係が将来のビジネスに影響を与えるとしたら，いかがでしょう。本ケースでは，事業承継税制を例にして，その可能性を取り上げたいと思います。

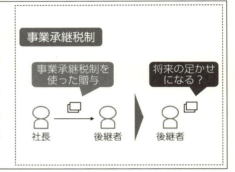

Case

Bさん：父が持っている会社の株式を贈与で承継する予定なんですが，かなり贈与税がかかるみたいで。どうすればいいと思います？

I先生：そうですね。ならば事業承継税制という制度を活用すれば，贈与税が発生しないですよ。

Bさん：そうなんですね。ただ，そもそも親族承継の時代でもないと思ってもいるんです。それこそ，同業の大きな会社の傘下に入るのも一つかなと。

I先生：なるほど。では，事業承継税制を適用することで贈与税が発生しないので，緊急避難として一旦，この制度を活用してはいかがでしょう。

第Ⅱ章　いろいろな論点を網羅していますか？（税法×関連分野編）

1　落とし穴&ポイント

落とし穴

緊急避難として一旦，この制度を活用してはいかがでしょう。

ここがポイント

当面の税負担の回避という点で，事業承継税制の活用は有用な選択肢になります。しかし，後継者が株式の外部売却（M&A）を考えている場合，事業承継税制の適用が将来の思わぬ足かせになることもあります。

2　ポイントの整理

(1)　事業承継税制（非上場株式等に係る相続税・贈与税の納税猶予制度）

　非上場株式等に係る相続税・贈与税の納税猶予制度（いわゆる事業承継税制）は，後継者が先代経営者から贈与又は相続などにより自社株を取得した場合において，一定の要件を満たすときは贈与税又は相続税が猶予される制度です（措法70の7〜70の7の8）。

　この制度は，贈与をスタートにする場合と相続をスタートにする場合の2つのパターンがありますが，いずれにせよ納税猶予ですので，猶予状態を継続する必要があり，その状態を満たせなくなった場合に，税金が生じるという制度になります。イメージ図は次のとおりです。

119

＜事業承継税制のイメージ＞

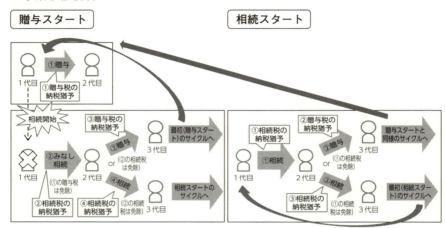

(2) 事業承継税制の難しさ

事業承継税制を検討する際に，大きくは，

① そもそも適用できるのか（適用の可否）
② 適用すべきなのか（適用の要否）

という2つの視点を持つことが重要になります。そもそも複雑な適用要件によって規定されている制度であり，さらに，将来予測も非常に重要な制度であることから，事業承継税制の適用には様々な検討軸があり，その判断には困難を伴います。

① 適用の可否

事業承継税制の適用要件（先代経営者の要件，後継者の要件，会社の要件）は非常に細かいため，一つひとつ丁寧に当てはめていくことが重要です。

参考までに，私が事業承継税制を適用する際に，その適用が可能か否かについて簡易的に使用しているフローチャートを紹介します。実際の適用に際しては，法令に則したより詳細な検討が必要ですが（例えば，対象会社が海外子会

第Ⅱ章 いろいろな論点を網羅していますか？（税法×関連分野編）

【STEP1】納税猶予を適用できるか否かの簡易フローチャート

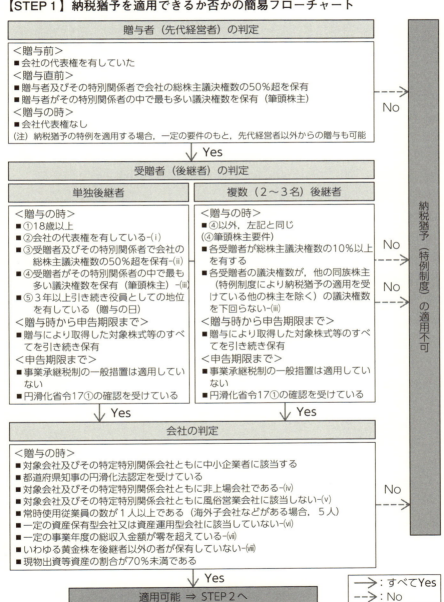

社を有する場合など），このフローチャートを適用して簡易的に納税猶予適用の可否を判定することで，ある程度の感触を得ることができると思います。

なお，このフローチャートは贈与税の納税猶予の特例措置（措法70の7の5）を前提にしています。

② 適用の要否

STEP 1 までは，その適用要件の充足を条文に当てはめて確認するに過ぎないため，単純と言えば単純です（ただし，そもそもの条文がかなり複雑であり，かつ細かいのですが）。しかし，事業承継税制の本当の論点は適用要件ではなく，その将来予測にあると私は考えています。

事業承継税制を適用した後は，その納税猶予の打ち切りとなる事由（本書では「確定事由」といいます）を常にモニタリングする必要があります。また，自社株を贈与する際に，贈与税の納税猶予が適用できると判定されたとしても，暦年贈与や相続時精算課税制度などで十分に対応可能な場合や，適用後，すぐに納税猶予が終了してしまうような場合には，その導入に必要なコストを考えたときに，あえて納税猶予を選択する理由がないと思います。

例えば，検討のポイントとして次の視点を持った場合，適用すべきか否かという点で，次のようなフローチャートが考えられます。

＜検討の視点＞

A）納税額のコントロール……当面の税負担を抑えることができるか
B）納税時期のコントロール……納税のタイミングを自らコントロールできるか

第Ⅱ章　いろいろな論点を網羅していますか？（税法×関連分野編）

【STEP 2】納税猶予を適用するべきか否かの簡易フローチャート

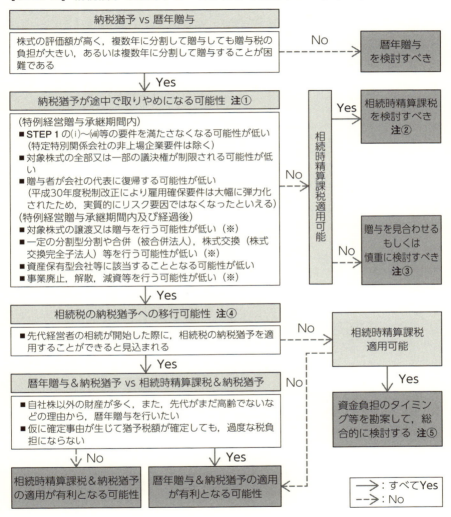

（注）
① 確定事由の発生可能性が高い場合には、納税時期のコントロールが困難となるため、納税猶予の適用について慎重に見極めることが重要である。
　（※）　特例措置においては、経営環境の変化に対応した特別な減免措置が創設されている。すなわち、納税猶予の適用後において経営環境が悪化した場合において、一定の要件を

123

満たした場合には，株式の譲渡，合併，廃業などの時における株式の評価額をもとに税額を再計算し，元々の猶予税額との差額が減免される。したがって，将来的な株式譲渡を予定している場合でも，一概に納税猶予の適用にネガティブな要素であると言い切れない点も重要である。ただし，納税猶予適用の意思決定をする時点で，すでに将来の経営悪化が予想されるのであれば，株式の評価額は将来に向かって低下すると思われるため，税務の側面のみを捉えると，あえて贈与税の納税猶予を選択する必要性は高くないと思われる。

② 確定事由の発生可能性がある程度見込まれるとしても，すでに手元に納税資金があるなどの理由で，納税時期のコントロールを重視しない場合には，本フローチャートには従わず，"ダメ元"で相続時精算課税と納税猶予を併用し，確定事由が生じた場合にも，元から相続時精算課税を適用していたのと変わらないと考えることもできる（ただし，利子税や手続きの手間などは別途検討する必要がある）。なお，相続時精算課税を適用する場合には，その適用要件なども検討する必要がある。

③ 一般的に贈与税は相続税より税負担が重いため，確定事由の発生可能性が高い状態で暦年贈与による納税猶予を適用することは，慎重に検討するべきである。

④ みなし相続が発生した場合に，贈与税の納税猶予額は免除され，贈与時の価額によって相続等により対象株式を取得したものとみなされる。この場合，一定の要件を満たすことで相続税の納税猶予を適用することが可能である。一方，相続時精算課税を適用する場合，先代経営者の相続が開始すると，その贈与財産の価額は，贈与時における価額によって相続税の課税価格に加算され，かつ，贈与税額を控除することを通じた精算が行われる。したがって，相続財産の価額固定効果という点で共通しているものの，納税猶予の再適用が見込まれる状況においては，納税猶予（相続時精算課税との併用を含む）が有利であると考えられる。

⑤ 先代経営者の相続が開始した場合，どちらの制度による場合においても対象株式が相続税の対象となるため，最終的な納税額という点で納税猶予と相続時精算課税に違いは生じない。ただし，贈与時及び相続時のキャッシュ・フローが異なることもあるため，資金繰り等を勘案して，制度の有利・不利判定を行う必要がある。

　なお，納税猶予を適用するべきか否かという判定とは別軸として，暦年課税制度と相続時精算課税制度のいずれを適用するべきかという論点があります。この点，令和6年1月以後の贈与については，改正された相続時精算課税制度が適用されるため，従来よりも相続時精算課税制度の適用可能性の幅が広がったといえます。

　このように，適用すべきか否かという点は状況によって選択肢が異なります。さて，本ケースはいかがでしょうか。後継者がM&Aを見据えています。このとき，当面の税負担を避けるために事業承継税制を適用するとなると，M&Aによって株式を売却することで同時に納税猶予の確定事由に該当するため，猶

第Ⅱ章　いろいろな論点を網羅していますか？（税法×関連分野編）

予されていた贈与税の発生という問題が生じます。M&Aにて株式を高値で売却できる場合には贈与税の納税は問題ないかもしれませんが、後継者は売却資金で全く別の新規事業の立ち上げを考えているかもしれません。そのため、M&Aの可能性があるのならば、後継者に対してM&Aと事業承継税制との関係を事前に説明することが必要です。

　このように事業承継税制の適用は、将来予測と密接に関係します。目の前の税負担以外に、将来の展望と確定事由の発生可能性をクロスさせて考えないと、事業承継税制が将来の事業活動の障害になりかねないので注意が必要です。

【ちょっと一言】

■事業承継税制って本当にいいの？
　事業承継税制の適用要件を充足している前提ならば、次の3点が判断要素になると考えます。

＜判断要素＞

- 発生税額：納税猶予を適用するほどの税額なのか
- 手間及び費用：書類の作成＋適用後のモニタリング＋適用後の報告義務＋税理士報酬など
- 将来予測：STEP2のフローチャートなどを使用した将来予測

　現状の特例制度では、最大で100％の税額の猶予を受けることができるのでその効果は抜群ですが、一方、要件は複雑であり、手間や将来予測を考えた場合に、税理士としてはリスクの高い分野であるともいえます。目の前の税負担の回避も重要ですが、私は上記の判断要素を加味してもなお事業承継税制の適用に分があると判断した場合にのみ、適用することをおススメしています。

ケース14

怖いぞ遺留分！
―相続税×民法―

		関連分野				
		会計	民法	会社法	労務	ビジネス
What	法人税					
How	所得税					
	相続税		○			

<ケースの概要>
相続税法と民法には，共通点もあれば，相違点もあります。その意識がないと，思わぬ事故につながるため注意が必要です。本ケースでは，税額を抑えるために行った方策が遺留分に与える影響を取り上げたいと思います。

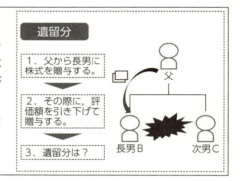

Case

Aさん：先生。値上がりしそうな財産は先に贈与しておけばいいって本当？

I先生：そうですね。そのまま保有しておくと価値が高くなってしまうようでしたら，先に贈与しておくのは，もちろん「あり」です。

Aさん：息子2人が仲悪いの知っているよね？　まあ，一人は勘当したようなもんだけど……。今，がんばってくれているBに，これから値上がりしそうな財産を先に渡したいんだけど，どうすればいいかな？

I先生：相続時精算課税制度というのがありますよ。以前より使い勝手がよくなりました。この制度で将来の相続税も引き下げられますし，Bさんにとっては将来の値上がりも期待できるわけですから，社長のお考えのとおり，<u>Bさんが喜ばれる結果になりますね</u>。

126

第Ⅱ章 いろいろな論点を網羅していますか？（税法×関連分野編）

1 落とし穴&ポイント

落とし穴
Bさんが喜ばれる結果になりますね。

ここがポイント
本件のように，後々相続をめぐる紛争に発展する危険がある場合，遺留分の懸念など，民法上の取扱いも説明することで，事前の段階で将来の紛争を防止できる可能性があります。換言すると，民法上の取扱いを無視して税務だけにフォーカスすると，紛争が生じる可能性を高めてしまうかもしれません。

2 ポイントの整理

(1) 遺留分とは

遺留分とは，兄弟姉妹以外の法定相続人に最低限保障されている遺産取得分です。つまり，被相続人等は遺言等により自己の財産を自由に処分できるのが原則ですが，遺留分を侵害する財産の処分については制限がかかることになります。

＜遺留分の計算方法（民法1042）＞

個別的遺留分＝総体的遺留分^{（※）}×法定相続分

個別的遺留分額＝<u>遺留分算定の基礎財産</u>×個別的遺留分

（※）総体的遺留分

　直系尊属のみが相続人の場合：3分の1

　それ以外の場合：2分の1

　なお，遺留分権を有する者は兄弟姉妹以外の相続人，すなわち配偶者，子又は
その代襲相続人（再代襲相続人を含みます），直系尊属です。

(2) 遺留分算定の基礎財産とは

遺留分算定の基礎財産＝①＋②－③（民法1043①）

①　被相続人が相続開始の時において有した財産の価額

②　その贈与した財産の価額

③　債務の全額

　したがって，まず生前贈与した財産は遺留分算定の基礎財産に組み込まれることになります。②については次の取扱いになります。

- 相続人に対する贈与（特別受益（民法903①）に該当する贈与）：相続開始前の10年以内にされた贈与（民法1044③）
- 相続人以外の第三者に対する贈与：相続開始前の1年以内にされた贈与（民法1044①）
- ただし，当事者双方が遺留分権利者に損害を加えることを知って贈与をしたときは，期間の制限はありません（民法1044①）。また，不相当な対価でなされた有償処分であって，当事者双方が遺留分権利者に損害を与えることを知ってしたものも遺留分算定の基礎財産となります（民法1045②）。

(3) 財産の価額とは

　生前贈与した財産が遺留分算定の基礎財産に含まれる場合，税法と民法とでその評価に係る取扱いに違いが生じることがあります。

128

第Ⅱ章　いろいろな論点を網羅していますか？（税法×関連分野編）

　遺留分算定において，生前贈与財産が遺留分算定の基礎財産に含まれる場合，相続開始時の時価をもとにして遺留分を計算することになります。この点で，税務と大きな違いが生じることもあります。

　例えば，将来的に値上がりする財産について，相続時精算課税制度による贈与を適用することで，当該財産の評価額を贈与時の時価で固定して相続税を低額に抑えることができたとします。しかし，遺留分の算定においては，当該財産は相続開始時の時価で評価されるため，民法上は贈与時点からの値上がり益が遺留分算定の基礎財産の時価として組み込まれることになります。つまり，相続時精算課税制度を適用した相続税の計算と遺留分の計算とで，生前贈与財産の時価算定の時点がそれぞれ異なるため，遺留分における基礎財産の評価額が，相続税の計算における評価額と大きく異なることもあり得ます。

　したがって，本ケースのように値上がりが見込まれる財産を生前に贈与する場合に，税理士としては，税金以外に遺留分も見据えたアドバイスをすることが有用であるといえます。仮に，Ｂさんの兄弟が遺留分を主張した場合，遺留分は相続開始時の高額な時価をもとに計算されるためです。

＜遺留分算定の基礎財産のイメージ＞[1]

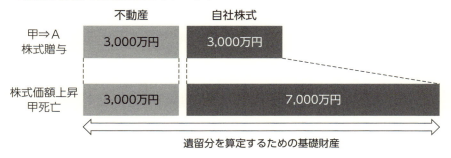

1　中小企業庁「遺留分に関する民法特例のポイント」を一部加工

(4) 遺留分対策及び留意点

　対策としては，例えば次のような方法が考えられます。ただし，これらも完全な方法ではありません。やはり遺留分権利者が納得感を持てるように，一部の財産を渡すことが最も穏当な解決策なのかもしれません。

No.	遺留分対策の例	留意点
1	**遺留分の放棄**	・そもそも遺留分を有する相続人が遺留分の事前放棄に応じるとは限らない。 ・遺留分の事前放棄を行っても，その後の事情変更により取り消すことができる。
2	円滑化法の活用（自社株式の贈与の場合） **・除外合意** 後継者が先代経営者から贈与により取得した自社株式の全部又は一部について，遺留分算定の基礎財産の価額に算入しないという内容の合意 **・固定合意** 後継者が先代経営者から贈与により取得した自社株式等の全部又は一部について，遺留分算定の基礎財産に算入すべき価額を合意の時における価額とする内容の合意	・除外合意や固定合意を検討している時点で将来的な紛争がある程度予想される。その状況で，そもそも除外合意・固定合意ができるのかという問題がある。 ・固定合意における合意時の価格の算定には判断を伴う。
3	**事前贈与** 特別受益に該当する相続人に対する贈与について，相続開始10年以内の贈与に限り遺留分算定の基礎財産に算入されるため，それよりも前に贈与を実行する。	・当事者双方が遺留分権利者に損害を加えることを知って贈与した場合は，たとえ相続人に対する贈与が相続開始10年前の日より前にされたものであっても，遺留分侵害額請求の対象になる。

（注）他にも，生命保険の活用なども考えられます。

第Ⅱ章　いろいろな論点を網羅していますか？（税法×関連分野編）

【ちょっと一言】

■意図的な評価額の圧縮とは

　仮に不相当な対価でなされた有償処分であって，当事者双方が遺留分権利者に損害を与えることを知ってしたものも遺留分算定の基礎財産となります（民法1045②）。

　この不相当な対価でなされた有償行為については，「この不当な対価をもってした有償行為の取扱いに関しては，裁判例も乏しく，未だ解釈が確定していないところも多い。ただ，事業承継対策の一環として，相続税法上の価額を圧縮した上で，当該価額により譲渡することも少なくないが，客観的な交換価値と相続税法上の価額が乖離していることが明らかな場合には，そのような価額による売買は不当な対価をもってした有償行為とされる可能性は（それほど高くはないにせよ）否定できないであろう」との指摘があります[2]。

■税理士のアドバイスのあり方

　税理士が遺留分も含めたアドバイスをする義務があるかと言われると，答えはNoであると考えます。しかしながら，遺留分を無視した状態で，税金だけに特化した資産承継対策を打つことは，依頼人やその相続人にとって必ずしもプラスではありません。少なくとも，遺留分の問題が起こりそうな局面において資産承継対策を提案する際には，弁護士などの専門家を交えることが大切であると思います。

2　野村資産承継研究所編・品川芳宣編著『資産・事業承継対策の現状と課題』（大蔵財務協会，2016年）374-375頁

ケース15

税法が訴訟の決着を変える!?
―相続税＆所得税×民法―

		関連分野				
What How		会計	民法	会社法	労務	ビジネス
	法人税					
	所得税		○			
	相続税		○			

<ケースの概要>

相続における争いが訴訟まで進んだ場合，基本的には弁護士に一任することになり，その結果をもって税理士は税務上の処理を行うことになると思います。しかし，訴訟の結果次第で税務上の影響が全く異なる場合には，先回りして利害関係者に共有することが望ましいといえます。

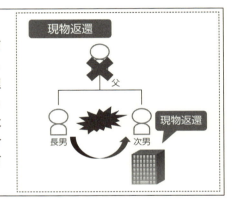

Case

～ケース14の数年後に相続があり，遺留分に関する訴訟が起こりました。その後，ようやく当事者が合意し，和解にて決着しそうな段階に……～

Y先生 : ようやく，本件が終わりそうです。遺留分が関係すると，最後は経済的
(弁護士) 　合理性よりも個人的感情を優先して決着することが多々ありますからね。

Bさん : お世話になりました。和解が成立し，先方に対しては現物の資産で弁償することで完了ですね。

Y先生 : I税理士さんには本件のことお伝えしていますよね？

Bさん : はい，伝えています。ただ，I先生からは，<u>決着した後にいろいろ教えてほしい</u>と言われています。更正の請求と修正申告が云々言っていました。

Y先生 : (うーん，大丈夫かなあ。こっちに丸投げしているみたいだけど。)

第Ⅱ章　いろいろな論点を網羅していますか？（税法×関連分野編）

1　落とし穴＆ポイント

2　ポイントの整理

(1)　遺留分侵害額請求

　改正前民法における遺留分減殺請求については，「現物返還」によることが原則とされていました[3]が，改正民法における遺留分侵害額請求においては「金銭の支払い」が原則とされています。そして，現物返還によった場合，当該行為は「代物弁済」として位置づけられます（所基通33－1の6）。

3　改正前民法においては，現物返還財産は遺留分権利者の固有財産として，同権利者に直接帰属するものと捉えられています（最高裁平成8年1月26日第二小法廷判決（民集50巻1号132頁）など）。

133

＜現物返還によった場合（所基通33－1の6）＞

> 民法第1046条第1項《遺留分侵害額の請求》の規定による遺留分侵害額に相当する金銭の支払請求があった場合において，金銭の支払に代えて，その債務の全部又は一部の履行として資産（当該遺留分侵害額に相当する金銭の支払請求の基因となった遺贈又は贈与により取得したものを含む。）の移転があったときは，その履行をした者は，原則として，その履行があった時においてその<u>履行により消滅した債務の額に相当する価額により当該資産を譲渡したこととなる。</u>

(2) 課税関係の整理

　遺留分侵害額請求に係る履行手段としての現物返還は代物弁済として位置づけられているため，所得税の計算上，譲渡収入＝履行により消滅した債務の額に相当する価額として，譲渡所得を計算することになります。したがって，遺留分侵害額請求に係る履行手段として現物返還によった場合，改正前民法における現物返還では発生しなかった譲渡所得課税の論点が登場するため注意が必要です。

> 譲渡収入金額　＝　履行により消滅した債務の額

　なお，そのミラーの関係として，遺留分権利者の資産の取得費は，その履行により消滅した債権の額とされています（所基通38－7の2）。

　したがって，改正前と改正後においては，現物返還に係る所得税の課税関係が大きく異なるため，和解の帰結にも大きな影響を与えうるといえます。例えば，現金で遺留分侵害額請求を決着すれば所得税の課税関係は生じませんが，不動産を現物返還して決着させる場合，現金による収入がないにもかかわらず所得税が発生してしまうこともあり得ます。遺留分侵害額請求の事案については，事後的に税理士が関与して相続税に関する手続きを進めるだけでは足りず，例えば和解をゴールとする場合などにおいて，その履行手段についても利害関係者で共有しつつ，税の観点からアドバイスする必要があるといえます[4]。

134

第Ⅱ章 いろいろな論点を網羅していますか？（税法×関連分野編）

【ちょっと一言】

■弁護士との連携

　関連する法律の改正が税務に多大な影響を及ぼすことはありますが，その点をタイムリーに追うことは非常に大変です。本件のように，実際に現物返還が起きて初めてその税務処理に気づく場合もあると思います。税法に詳しい弁護士の先生と連携する時代が来ているのかもしれません。

4　仮に，現物返還の対象が事業承継税制を適用している株式の場合，さらなる検討が必要となります。その点については，野村資産承継研究所編（川北力・品川芳宣監修，塩野入文雄編著，佐伯誠・村上裕樹・尾原昂宙著）『改訂新版Q&A法人版事業承継税制の実務詳解』（大蔵財務協会，2022年）1003頁。

135

ケース16

税法上の株式評価
―税法×会計×民法×会社法―

		関連分野				
		会計	民法	会社法	労務	ビジネス
What How	法人税	○		○		
	所得税	○	○			
	相続税	○	○	○		

<ケースの概要>
モノの評価という点で，税法その他の関連分野で交錯することがあります。ケース16から18では，株式の評価額に焦点を当てて，税法と関連分野との関係を整理したいと思います。

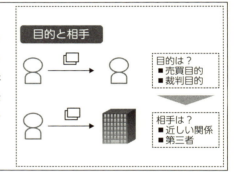

Case

Sくん：先生。この前，お客さんから，保有している非上場株式を売却したいとの質問を受けました。いくらくらいで売却すればいいのか質問されたんですが，どう答えればいいですか？

I先生：どう答えるって……それ以上のことは何か聞いた？

Sくん：いえ，何も聞いていないです。売却したいから，価値がどれくらいか教えてほしいと言われました。

I先生：一口に売却したいと言っても，誰に売るかで全然話は違うんだよ。

Sくん：え……そうなんですか。<u>同じ株式を誰が買うかで価値が異なるんですか。何か腑に落ちないんですが。</u>

I先生：そうだよ。算定方法も全然違うし。

第Ⅱ章 いろいろな論点を網羅していますか？（税法×関連分野編）

1 落とし穴＆ポイント

同じ株式を誰が買うかで価値が異なるんですか。何か腑に落ちないんですが。

ここがポイント

非上場株式の場合，その価値の算定目的や取引当事者の違いによって価値の算定手法が全く異なります。

2 ポイントの整理

(1) 非上場株式の評価の大枠

非上場会社の株式の評価はどのように決まるのでしょうか。例えば，取引の目的や売買の当事者を切り口に考えると，次のような分け方が考えられます。

目的	当事者	例	採用される評価
売買	近しい関係	親族・発行会社・役員	税法上の評価
	第三者	M&Aによる買収	会計上の評価 （規模によっては税法上の評価）
裁判	訴訟当事者	買取価格の決定など	会社法上の評価
	訴訟当事者	遺留分の評価など	民法上の評価

137

なぜ採用される評価が異なるのでしょうか。本来，時価とは客観的交換価値であり，客観的交換価値とは一般的に「不特定多数の当事者間で自由な取引が行われる場合に通常成立すると認められる価額」として説明されます。しかし，非上場会社の株式について考えると，不特定多数の当事者間で自由な取引が行われることはあまりなく，むしろほとんどの場合，親族内あるいは近しい関係での売買や贈与・相続などかと思います。

　そのため，完全な客観的交換価値とはいえないまでも，その場面において最も適切な評価額を計算する必要があり，状況に応じて評価額が異なるというように理解できます。

(2)　なぜ税法上の評価額が登場するのか？

　では，どのような場合において税法上の評価が登場するのでしょうか。

　例えば，父（＝社長）から子どもに非上場会社の株式を売却する場合，通常は子どもに安く譲りたい（広義な意味で，贈与は最も安く譲っているといえます）と考えるでしょう。あるいは，父（＝社長）が，その株式を発行会社に売却（つまり，自己株買い）する場合には，その会社の状況に応じて，売買価格を高くしたり，あるいは安くしたりして，利害関係者全員にとって都合がよいように進めたいと考えるでしょう。

　このように，非上場会社のオーナーなどは，その譲渡価格をある程度決定できる立場にあります。そして，価格の決定に恣意性が介入することで，税金（所得税，相続税・贈与税，法人税など）が不当に減少する可能性があります。それゆえに，「税法上の評価」という概念によってその問題を解決しようということになります。

　なお，勘違いしやすい点ですが，売買価格は当事者間で自由に決めることができます。実際の売買価格とは別の話として，税法上の評価額と実際の売買価格との間に生じる差額について，課税関係が生じるという整理になります。

　また，もう一つ重要な点は，①純然たる第三者間における取引において，かつ，②取引価格が種々の経済性を考慮して定められた場合には，税法上の株式評価に縛られることがないということです[5]。すなわち，そもそも売買価格の決

138

第Ⅱ章　いろいろな論点を網羅していますか？（税法×関連分野編）

定に恣意性が介入した場合に，課税の不公平を是正することが税法上の評価を採用する理由であるため，例えば，M&Aのように売主と買主の利害が対立する局面において，その評価が外部の専門家を交えて適切に算定され，かつ，交渉によって決定される場合，価格の決定に恣意性が入る余地が少なくなります。この場合は，税法上の評価を採用する必要性がなくなります。

　ただし，**ケース17**で紹介するスモールM&Aの場合など中小企業の場合には，課税上の問題という点とは別の話として，売買価格の決定に関する一般的な算定方法として，税法上の評価額を採用することがあります。

(3)　税法上の評価額とは

　税法上の株価と一口に言っても，内容はさらに3種類に分かれていきます。

取引の種類	時　価	根　拠
①個人⇒個人	相続税法上の評価	評基通178から189－7
②個人⇒法人	（個人）所得税法上の評価	所基通59－6及び23～35共－9
③法人⇒個人	（法人）法人税法上の評価	法基通9－1－13及び9－1－14
④法人⇒法人	法人税法上の評価	法基通9－1－13及び9－1－14

　イメージとしては次のとおりです。

```
┌──────────────────────────────────┐
│   相続税法上の評価額（財産評価基本通達）    │
└──────────────────────────────────┘
                  ▽              ┌─ 修正計算 ─┐
┌─────────────────┐  ┌─────────────────┐
│  法人税法上の評価額   │  │  所得税法上の評価額   │
│  （法人税基本通達）    │  │  （所得税基本通達）    │
└─────────────────┘  └─────────────────┘
```

───────────────

5　国税不服審判所平成11年2月8日裁決（裁集57集342頁）

税理士が行う株式評価で一番なじみがあるのは，相続税法上の評価であると思います。相続税法上の評価に関しては，財産評価基本通達において事細かにその評価方法が記載されています。書籍一冊でようやくその内容を説明できるくらいに論点があるため，本書ではその詳細まで踏み込みませんが，相続時や贈与時において，財産評価基本通達を参照しながら，非上場株式の評価額を算定することになります。

　では，なぜ個人・個人間の売買において相続税法上の評価が適用されるのでしょうか。これは，課税関係が贈与税に帰結するためと考えられます。まず，大前提として，個人・個人間売買（及び個人・法人間，法人・法人間売買）において，税務上，その価額の算定に係る明文規定はありません。しかし，仮に個人間での株式の売買について，時価とはかけ離れた価格でやり取りをした場合（低廉譲渡など），結局は個人間における利益の移転＝贈与という問題に帰結することになります。したがって，贈与税における財産の評価を規定する財産評価基本通達を参照することになり，財産評価基本通達における評価，すなわち相続税法上の評価によりその価格を算定するという整理になります。

　この考え方から，当事者ごとの税法上の評価の関係は，次のように整理されます。

当事者	時価から乖離する場合の課税関係					
個人・個人間	⇒	贈与税の課税	⇒	財産評価基本通達	⇒	相続税法上の評価
個人・法人間	⇒	所得税の課税	⇒	所得税基本通達	⇒	所得税法上の評価
	⇒	法人税の課税	⇒	法人税基本通達	⇒	法人税法上の評価
法人・法人間	⇒	法人税の課税	⇒	法人税基本通達	⇒	法人税法上の評価

　このように，売買価格に恣意性が介入する状況においては，取引当事者ごとに生じる課税関係に沿う形で，それぞれの算定方法が整理されています。また，本ケースでは簡便的に当事者を個人・法人に分けましたが，さらにその属性（大株主なのか少数株主なのか）などによって，算定される結果が変わります。当事者の属性，対象株式の内容などをきちんと整理したうえで，通達に当てはめて計算することになります。

第Ⅱ章 いろいろな論点を網羅していますか？（税法×関連分野編）

【ちょっと一言】

■税法上の評価は難しい

　本ケースでは，評価手法の中身に踏み込まず，まず税法上の評価とは何なのかについての説明をしました。しかしお気づきのとおり，本来はその評価の算定自体が非常に複雑であり，また様々なところに落とし穴があります。

　まず言えることは，どのような状況下であっても，一つひとつ丁寧に通達のルールを当てはめることが重要です。私自身，ざっと見て類似業種比準価額を採用すると思い込んでいたところ，よくよく見ると議決権が消滅していて配当還元価額を採用すべきであったなど，失敗例を挙げれば枚挙に暇がありません。

ケース17

会計上の株式評価
―税法×会計×会社法―

		関連分野				
		会計	民法	会社法	労務	ビジネス
What How	法人税	○		○		
	所得税	○				
	相続税	○		○		

<ケースの概要>
昨今、M&Aが増加しています。M&Aにおける株式の評価は、ファイナンス理論などに基づいて算定されますが、その簡便的な方法を知っておくと、税理士としての付加価値が高まると思います。

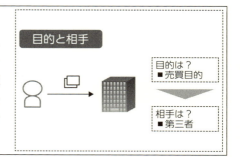

Case

~ケース16の続き~

Sくん：税法上の評価っていうのは、なんとなくわかりました。

I先生：それはよかった。

Sくん：でも、先生。他にも評価ってあるんですね。

I先生：そうね。次に会計事務所が遭遇するのは会計上の評価じゃないかな？例えば、M&Aだね。ただし、<u>これは税理士より公認会計士のほうがなじみがあるから、わからなくていいかもね。</u>

Sくん：先生、会計上の評価ってなんですか？

I先生：これは私の造語なんだよ。ただ、なんとなくわかりやすいかなって。

Sくん：正直わかりにくいです。

I先生：(せっかく考えたのに……。)

第Ⅱ章　いろいろな論点を網羅していますか？（税法×関連分野編）

1　落とし穴＆ポイント

落とし穴

これは税理士より公認会計士のほうがなじみがあるから，わからなくていいかもね。

ここがポイント

M&Aなどにおいて，上場企業などが採用するディスカウント・キャッシュ・フロー法（DCF法）や類似会社比準法（マルチプル法）などの方法による算定を顧問税理士が求められることは少ないと思います。ただし，実務で使用される簡便法「簿価純資産価額＋営業利益×3倍」の算定手法を理解することは，税理士の付加価値になると思います。

2　ポイントの整理

(1)　税理士が関与するM&A

　上場企業のM&Aの場合，プレイヤーが分散化し，企業の担当部門（経営企画部門など）や各種専門家（主に，弁護士や公認会計士など）で分担してディールを進めていきます。一方で，中小企業のM&A（いわゆる「スモールM&A」）の場合，M&Aの専門家を入れるほどではありませんが，要所だけは顧問税理士に確認したい会社が多いように思います。ここでは，スモールM&Aを念頭に，「会計上の評価」を確認します。

143

(2) スモールM&Aにおける価値算定の理論とは

　本ケースでは，「会計上の評価」という造語を用いていますが，簡単にいうと，決算書の内容を整理して，貸借対照表と損益計算書から株式を評価することです。税務会計ではなく，企業会計によって決算書を作成し，決算書及び事業計画などから企業価値を算定する手法として，ディスカウント・キャッシュ・フロー法（DCF法）などがあります。この価値算定理論は会社法における訴訟などでも算定手法として認められています（**ケース18**参照）。

　会計上の評価及びM&Aにおける税理士・公認会計士の役割として代表的なところは次のとおりです。

> ① 財務デュー・デリジェンス，（必要に応じて）税務デュー・デリジェンス
> ② 価値算定
> ③ 買収スキームの検討（株式譲渡 vs 事業譲渡）

　①及び②で買収価値を算定し，同時並行的に，③でどのように買収対象（株式や事業そのもの）を取得するのか決定するというイメージです（③については第Ⅳ章**ケース29**参照）。

　①及び②を理解するためには，「何を買うのか？」という点を想像することが重要です。

　イメージとして，何を目的に買収するか。会社が持っている設備か，人材か，販路か，もしくは成長性か。これらを考えていくと，通常は次のAからCに大別されます。

> A：現在のストック価値（貸借対照表（BS）の価値）
> B：将来稼ぐフローの価値（損益計算書（PL）の価値）
> C：金額に現れない価値（人の価値，ノウハウ，シナジーなど）

　Cを算定することは難しいですが，A及びBは決算書を見て，おおよその価値を測ることができます。この過程が①のデュー・デリジェンス及び②の価値算定ということになります。

144

第Ⅱ章　いろいろな論点を網羅していますか？（税法×関連分野編）

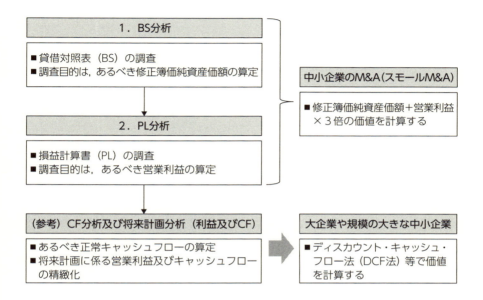

　まずBS分析で，会社が持つストック価値を算定し，PL分析で，フロー価値を算定します。スモールM&Aの場合，「純資産価額＋営業利益×3年（から5年）」を算定価値とする実務がありますが，これをもとにするならば，BS分析，PL分析でおおよその価値を算定することが可能となります。

　このように，普段見ている会社の財務状況をより実態ベースに置き換えたBSを作り（BS分析），会社の損益の状態を「正常な状態であった場合」に修正し（PL分析），そのうえであとは掛け算と足し算で価値を算定するという簡便的な方法があります。

　もちろん，M&Aの相手先が上場企業の場合は，DCF法などのより精緻なバリュエーション理論に基づいて価値を算定したうえで，折衝が行われることになりますが，スモールM&Aの場合は，日頃から会社の状況を知っている顧問税理士ならば，この方法を使用して短時間で会社の簡便的な価値を算定することができるのです。

(3) BS分析及びPL分析のイメージ

　BS分析・PL分析は財務デュー・デリジェンス（必要に応じて，税務デュー・デリジェンスを含みます）という業務の中で行われます。詳細を説明すると本一冊くらいになってしまうため本書では細部には踏み込みませんが，イメージは次のとおりです。本質的には，BS・PLについて会社の本来の姿に修正する作業といえます。

1．BS分析

ポイント！　資産の実在性＆評価
- 実際に資産があるのか
- その資産に価値があるのか

ポイント！　負債の網羅性
- 漏れなく負債が計上されているのか
- 潜在的な将来の負担まで含む（税務上の債務確定に囚われないこと）
- 税務デュー・デリジェンスも同時に行う

修正簿価純資産価額の算定

2．PL分析

ポイント！　正常な営業利益の算出
- 会計上の処理誤りの修正
  ・BS分析で判明した会計処理誤りを調整する。減価償却費の過少計上の修正　など
- 経常・非経常の修正
  ・経常的な収入が雑収入に入っている場合，経常的収入（売上など）の修正
  ・過去の人件費のうち，臨時的な支出があったものは除外　など
- 事業構造の変化への対応及びその他調整取引
  ・一定時点から新規に開始，もしくは廃止した事業に係る利益の調整
  ・関係会社取引などが行われている場合，その利益の調整　など

正常な営業利益×3年分 修正簿価純資産価額

買収対象の価値

第Ⅱ章　いろいろな論点を網羅していますか？（税法×関連分野編）

【ちょっと一言】

■営業利益×3年＋純資産価額を理解する意味

　本ケースでは，スモールM&Aをベースにした価値の算定方法を取り上げました。なお，この「営業利益×3年＋純資産価額」という方法は，特定の会計基準や法律などで定められているわけではなく，実務で行われている理論の一つとして紹介しています。バリュエーション理論をきちんと理解されている方からすると，少々乱暴な方法に見えると思いますが，顧問税理士がお客様と話す中での一つの題材として紹介している点につき，ご了承ください。

ケース18

民法上の株式評価
— 税法 × 民法 × 会社法 —

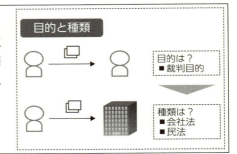

＜ケースの概要＞
最後に裁判目的の株式の評価を取り上げます。裁判目的の株式評価として代表的なものは、会社法上の評価と民法上の評価です。

Case

〜ケース17の続き〜

I 先生：もう一つ，裁判目的の株式評価があるけれど，<u>税理士が裁判目的の評価について気にする場面は少ないかな。</u>

S くん：どういう場面に登場してきますか？　また，何を気をつけるべきですか？

I 先生：強いて言えば，民法上の評価かな？

S くん：どういうことですか？

I 先生：遺留分や遺産分割は，まさに相続税が関係する領域だね。相続では，民法上の評価を考えなければならない局面があるということだよ。

第Ⅱ章 いろいろな論点を網羅していますか？（税法×関連分野編）

1 落とし穴＆ポイント

税理士が裁判目的の評価について気にする場面は少ないかな。

ここがポイント

ケース14で紹介したように，民法における評価が論点になることもあり得ます。裁判目的の評価についても理解していると，実務での引き出しが増えると思います。

2 ポイントの整理

(1) 会社法上の評価

　会社法において，株式の価格が裁判所により決定される場合などにおいて採用される評価を，本書では「会社法上の評価」と定義しています。
　代表的には，次の価格の決定などがあります[6]。

6　野村資産承継研究所編・品川芳宣編著『非上場株式の評価ガイドブック』（ぎょうせい，2017年）286頁

①	反対株主の株式買取請求に係る買取価格の決定
②	全部取得条項付種類株式の取得に係る買取価格の決定
③	特別支配株主による株式等の売渡請求に係る売買価格の決定
④	一に満たない端数の売却価格の決定
⑤	譲渡制限株式の譲渡不承認時の売買価格の決定
⑥	相続人等に対する株式売渡請求に係る売買価格の決定

　そして，事案を個別具体的に判断したうえで，その価格を決定するわけですが，裁判で会社法上の価格が問題になる局面では，実務上，公認会計士が鑑定評価を実施することが少なくないと思われます。なお，公認会計士が採用する価値算定の方法は，一般的には次のとおりです。

＜企業評価アプローチと評価法＞[7]

評価アプローチ	評価法
インカム・アプローチ	フリー・キャッシュ・フロー法 調整現在価値法 残余利益法 その他 　配当還元法 　利益還元法（収益還元法）
マーケット・アプローチ	市場株価法 類似上場会社法（倍率法，乗数法） 類似取引法 取引事例法（取引事例価額法）
ネットアセット・アプローチ	簿価純資産法 時価純資産法（修正簿価純資産法） その他

7　日本公認会計士協会「企業価値評価ガイドライン」27頁

第Ⅱ章　いろいろな論点を網羅していますか？（税法×関連分野編）

(2)　民法上の評価

　一方で，相続と大きく関係する民法上の評価については，税理士に意見を求められる場合も想定されます。例えば，非上場株式を含んだ財産に関する遺産分割案についてアドバイスすることを仮定します。この場合，非上場株式の評価をどのように取り扱うかによって，遺産分割のバランスや遺留分に影響があります。もちろん，非上場株式を税務上で評価したうえで，相続税を試算することも必要でしょう。

　ただし，民法上の株式の評価方法については明文で規定されているわけではないので，その算定は非常に悩ましいものであるといえます。

　参考までに，代表的な過去の裁判例を示すと，次のとおりです。

＜民法上の評価の例＞

判決日等	事案の概要
大阪家裁昭和51年2月16日審判（家月28巻12号171頁）	規模も極めて小さく被相続人の個人会社と目すべき有限会社の持分権の評価については，会社の総資産額から総負債額を控除した純資産額を基準とするべきであるところ，その算定は原則として貸借対照表によるべきであるが，不動産については，いわゆる帳簿価格と実際の評価額とはしばしば大きく異なるので，評価に関する鑑定の結果によるのが妥当であるとされた。
大阪高裁昭和58年2月7日決定（判タ502号184頁）	建物所有を目的とする会社の非上場株式の評価にあたり，その前提となる会社所有の不動産を評価したうえ，これに基づく純資産価額方式を基礎とし，当該会社の株式の特殊性を斟酌して，その評価額を算定するのが相当とされた。
東京地裁平成22年12月27日判決（公刊物未掲載）	遺留分減殺請求事件において，生前贈与された株式の価額が時価純資産価額により認定された。

　実際上，非上場株式の評価について問題となる裁判例のほとんどは会社法・商法に関する事案であり，民法における裁判例はそれほど多くありません。こ

151

れは，民法で問題となる事案のほとんどが親族内での争いであり，多くが和解によって解決していることや，遺産分割が家庭裁判所における調停や審判などで解決が図られる場合，内容が公開されていないことなどが主な理由であると考えられます。

　ここで重要な点は，相続税法上の評価をそのまま民法上の評価として適用できないことが多分にありうるということです。つまり，遺産分割の確定や遺留分の算定において，その算定基礎として相続税法上の評価をそのまま使用することにはリスクを伴うといえます。きちんとディスクレーマーを付したうえで説明することや，ケースに応じたリスクの見積り（例えば，時価純資産価額を民法上の評価と仮定するなど）を念頭に置くべきと思います。

【ちょっと一言】

■弁護士と連携しよう

　もめそうな相続の案件の場合，まずは弁護士の先生に入ってもらう。これが，私自身肝に銘じていることです。特に株式や不動産など，状況に応じて評価が揺れ動くものがある場合には，税理士としてどこまでが守備範囲なのか，顧問先の資産を守るという点でどこまで進言すべきかという点で迷う局面は多々あります。このような場合には，弁護士などの頼れる他士業に躊躇なく頼ることが重要であると考えます。

第Ⅱ章 いろいろな論点を網羅していますか？（税法×関連分野編）

ケース19

最近は特に注意！
未払残業代
―法人税＆所得税×労務―

		関連分野				
		会計	民法	会社法	労務	ビジネス
What How	法人税				○	
	所得税				○	
	相続税					

＜ケースの概要＞
労務問題は適切に解決しなければなりません。特にスタートアップの企業は，まだ管理体制が不十分であるため，未払残業代が生じてしまう可能性があります。本ケースでは未払残業代に係る税務上の論点を取り上げたいと思います。

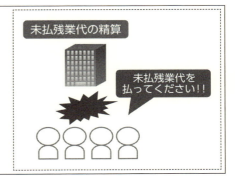

Case

Zさん（経理部長）：いよいよわが社も上場に向けて準備しようと思っているんですが，その矢先に困ったことが発生しまして。
I 先生：どうしたんですか？
Zさん：現職の従業員と退職した従業員に対して，過年度の未払いの残業代があることが発覚しまして。それも何件も。
I 先生：困りましたね……。
Zさん：労務問題は社会的なイメージもありますし，早急に解決しないと。
I 先生：そうですよね。とりあえず，経理部としては人事部に任せたうえで事の成り行きを見守るしかないですよね。

153

1 落とし穴&ポイント

とりあえず、経理部としては人事部に任せたうえで事の成り行きを見守るしかないですよね。

ここがポイント

未払残業代の支払いは、その態様によって法人税・所得税の取扱いが異なります。その点を労務担当者（人事部）と経理部とですり合わせをして、会社の方針を決定する必要があります。

2 ポイントの整理

(1) 労務管理の重要性

昨今、労務コンプライアンスに対する社会的な関心が高まっています。ブラック企業やワーク・ライフ・バランスといった用語は、誰もが知っていると思います。

本ケースでは会社が上場を目指していますが、上場するための審査（上場審査）においても労務管理は重要なポイントになります。

一例を挙げると、次のような労務管理の対応をしなければなりません。

第Ⅱ章　いろいろな論点を網羅していますか？（税法×関連分野編）

1	就業規則の作成及び届出
2	労働契約の締結
3	労働時間の管理
4	労使協定の作成及び届出
5	管理監督者の判断基準の設定
6	割増賃金の支払い
7	安全衛生管理体制の構築
8	未払賃金の支払い

　特に注目されるのが，未払賃金（未払残業代等を含みます）です。未払賃金が存在していて労務訴訟を受けている場合は，その時点で上場審査を通過することがかなり厳しくなると言われています。

　上場とは言わずとも，労務管理はどの会社においても非常に重要です。すべての会社で，上場基準をすべて満たすような労務コンプライアンス体制を整える必要はないと思いますが，少なくとも労務訴訟が起きないように最低限の整備をする必要はあります。何よりも，それによって従業員の定着率や満足度が高まるのであれば，会社経営にとって万々歳ではないでしょうか。

(2)　未払残業代の精算

　過年度の未払残業代の精算方法として，次の2つの方法があり，それぞれについて確認します。

---

①　過年度の給与として支払う
②　一時金として（賞与として）支払う

　なお，未払残業代として精算する以外に，労務訴訟の和解金として支払われる場合がありますが，労務訴訟になるケースは日常的にあまりないと思いますので，未払残業代の精算を前提にして，税務上の取扱いを確認します。

①　過年度の給与として支払う場合

A）個人の所得税・住民税などへの影響

　未払残業代の性質は過去の給与です。したがって，所得税においては「給与

155

所得」になります（所法28①）[8]。それゆえ，年末調整のやり直しに伴い（下記
B参照），過去分の所得税や住民税に変動が生じることがあります。また，社
会保険料に変更が生じる可能性もあります。さらに，個人で確定申告をしてい
た場合には，修正申告が必要になることもあります。このように，様々な方面
に影響が生じる可能性があります。

B）法人への影響

　法人税では，債務確定主義に基づいて支払日の属する事業年度における損金
として計上することになるため（法法22③二），過去に遡っての修正申告など
は不要であると考えられます。消費税では，特定期間中に支払った給与等の金
額をもって納税義務の判定を行うことになります（第Ⅲ章ケース26参照）。さ
らに，源泉徴収では，本来の残業手当が支払われるべきであった各支給日の属
する年分の給与所得として源泉徴収を行うことになります（所基通36-9(1)）。
つまり，過去の年末調整をやり直すことになり，また，過去分の給与支払報告
書の再提出が必要です。

② 一時金として（賞与として）支払う場合

C）個人の所得税・住民税などへの影響

　支給された年の賞与とされるため，その年分の所得税や社会保険料などが増
加することがあります。

D）法人への影響

　賞与の取扱いとなるため，債務確定主義に基づいて支払日の属する事業年度
における損金として計上することになる点は①と変わりません（法法22③二）。
ただし，賞与として所得税の源泉徴収を行う必要があります。また，対象者が
仮に退職している場合は，乙欄による賞与の源泉徴収が適用されます。

8　なお，仮に従業員が退職していた場合には名目上退職金扱いとしても，その発生原因を考えると，
　「退職所得」にはなりません（国税庁ウェブサイトタックスアンサー№2725「退職所得となるもの」
　https://www.nta.go.jp/taxes/shiraberu/taxanswer/gensen/2725.htm）。

第Ⅱ章　いろいろな論点を網羅していますか？（税法×関連分野編）

タックスアンサーNo.2739「退職後に支給される給与等の源泉徴収」[9]

> 　給与所得者の扶養控除等申告書は，その給与所得者が提出の際に経由した給与等の支払者のもとを退職したときにその効力を失うものとされています。
> 　したがって，退職者に退職後に支給期が到来する給与等を支払う場合には，原則として給与所得の源泉徴収税額表の乙欄により源泉徴収税額を求めます。

　賞与として支払う場合，過去の給与として支払う場合に比べて，会社にとっては手間がかからない分メリットがあるといえます。ただし，いずれにせよ未払残業代がある時点で会社に非があるわけですから，従業員にきちんと説明し理解を得る必要があります。
　また，細かい点では，退職後の従業員については給与計算システムを通せないことがあるため，給与計算システムと会計システムとが連動している会社では注意が必要です。例えば，法定調書や給与支払報告書などが給与計算システムから自動で作成される場合，ズレや漏れが生じることがあるため，手動で修正するといった対応が必要になります。

【ちょっと一言】

■未払残業代は百害あって一利なし
　未払残業代は，健全な会社経営にとって百害あって一利なしです。昨今，有給休暇の取得義務化などもあり，労務管理の重要性が増しています。会社の規模によっては，会社が社会保険労務士と契約せずに，税理士に対して労務問題を質問してくるケースもあろうかと思います。業法の取扱いには十分注意したうえで，税理士ができる範囲で労務管理の重要性を説明することが大切です。

9　国税庁ウェブサイトhttps://www.nta.go.jp/taxes/shiraberu/taxanswer/gensen/2739.htm

ケース20

扶養はどっちの話？
―所得税×労務―

		関連分野
		会計 / 民法 / 会社法 / 労務 / ビジネス
What How	法人税	
	所得税	○（労務）
	相続税	

<ケースの概要>
税理士が関係する「扶養」には，「所得税法上の扶養」と「社会保険上の扶養」の2つがあります。それぞれについて，本ケースで確認します。

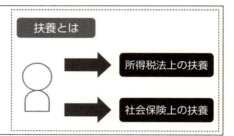

Case

Sくん：先生。ちょっと教えてください。社長から扶養について相談されました。社長と奥様と，どちらがお子様を扶養に入れるかで悩まれているみたいです。

I先生：ん？ 扶養って，所得税の話だよね？

Sくん：いえいえ，扶養です，扶養。お客さんから扶養と言われましたが，他にも扶養はあるんですか？

I先生：扶養と言ってもね，税法上の扶養と社会保険上の扶養があるんだよ。そして，それらは適用要件が異なる。

Sくん：先生，よく知ってますね。さすがですね。

I先生：(なんで，こんなに堂々としているんだ……。)

第Ⅱ章 いろいろな論点を網羅していますか？（税法×関連分野編）

1 落とし穴＆ポイント

お客さんから扶養と言われましたが，他にも扶養はあるんですか？

ここがポイント

一口に扶養と言っても，所得税法の扶養と社会保険の扶養の2つがあります。それぞれの要件は異なるため，きちんと整理してお客様に伝えなければなりません。

2 ポイントの整理

(1) 所得税法の扶養とは

所得税法上，控除対象扶養親族（所法2①三十四の二）がいる場合には，一定の金額の控除が受けられます。これを扶養控除といいます（所法84①②）。

控除額は，扶養親族の年齢，同居の有無等により次の表のとおりです。

タックスアンサー№.1180「扶養控除」[10]

区　分		控除額
一般の控除対象扶養親族		38万円
特定扶養親族		63万円
老人扶養親族	同居老親等以外の者	48万円
	同居老親等	58万円

（注）同居老親等の「同居」については，病気の治療のため入院していることにより納税者等
　　と別居している場合は，その期間が結果として1年以上といった長期にわたるような場合
　　であっても，同居に該当するものとして取り扱って差し支えありません。ただし，老人ホー
　　ム等へ入所している場合には，その老人ホームが居所となり，同居しているとは言えません。

　まず，扶養親族というカテゴリーがあり（所法2①三十四），その中で一定
の要件を満たした扶養親族（16歳以上の居住者など）は控除対象扶養親族（所
法2①三十四の二）とされ，さらに控除対象扶養親族の中に，特定扶養親族
（所法2①三十四の三）や老人扶養親族（所法2①三十四の四），同居老親等
（措法41の16①）など，年齢や同居の有無などで種類が分かれます。

　扶養親族とは，その年の12月31日（納税者が年の中途で死亡し又は出国する
場合は，その死亡又は出国の時）の現況で，次の4つの要件のすべてに当ては
まる人です。

　（注）出国とは，納税管理人の届出をしないで国内に住所及び居所を有しないこと
　　　　となることをいいます。

①　配偶者以外の親族（6親等内の血族及び3親等内の姻族をいいます）又は都
　　道府県知事から養育を委託された児童（いわゆる里子）や市町村長から養護を
　　委託された老人であること。
②　納税者と生計を一にしていること。
③　年間の合計所得金額が48万円以下（令和元年分以前は38万円以下）である
　　こと（給与のみの場合は給与収入が103万円以下）。
④　青色申告者の事業専従者としてその年を通じて一度も給与の支払いを受けて
　　いないこと又は白色申告者の事業専従者でないこと。

10　国税庁ウェブサイトhttps://www.nta.go.jp/taxes/shiraberu/taxanswer/shotoku/1180.htm

第Ⅱ章　いろいろな論点を網羅していますか？（税法×関連分野編）

(2)　社会保険の扶養とは

　社会保険の扶養とは，特定の人を社会保険加入者の扶養に入れることで，本人（被扶養者）が保険料を納めなくても，社会保険の適用を受けることができることです[11]。

　被扶養者は，次の要件を満たしている必要があります。

---

① 被扶養者の対象となる範囲の親族（配偶者及び３親等内の親族）であること
　※さらに，配偶者・子ども・兄弟姉妹・直系尊属（両親，祖父母など）以外の「３親等以内の親族」と「内縁関係の配偶者の父母及び子ども」については同居が必要。
② 主として被保険者の収入により生計を維持されていること（同一世帯の場合で認定対象者に収入がある場合，年間の収入が130万円未満であり，かつ，被保険者の年間収入の２分の１未満であることなど）

---

　②はいわゆる「130万円の壁」であり，給与収入が130万円以上になってしまった場合には社会保険の被扶養者から外れることになるために社会保険料の負担が増加することになります。そのため，130万円を若干超えるような給与収入になるのであれば，あえて給与収入を130万円未満に抑えるような働き方をすることが有利ということになります（なお，その点の対応については「ちょっと一言」をご参照ください）。

　このように，一口に扶養と言っても所得税法と社会保険とで，扶養の要件が異なります。

(3)　有利・不利判定

　この要件の違いにより，例えば次のような事例が存在します。

11　なお，国民健康保険や国民年金には扶養の概念がなく，単純に加入人数に応じて保険料は増加します。そのため，会社員が退職して自営業になり，健康保険から国民健康保険に移行する場合などには，世帯としての社会保険の負担が増加する可能性があり，そのようなときには健康保険の任意継続を視野に入れる必要があります。

161

（設例）

夫（サラリーマン）：年収700万円，妻（パート）：年収150万円，子ども（10歳）の３人家族。他の事情は一切考慮しないこととする。

① 税の観点（所得税・住民税）

　この場合，16歳未満の子どもは控除対象扶養親族に該当しないため，所得税における節税効果はありません。しかし，住民税の非課税の判定に影響を及ぼします。例えば本設例で妻が子どもを扶養に入れた結果，妻が住民税非課税となる場合[12]，住民税の負担がなくなります。また，住民税が非課税になることで給付などを受けられる可能性があります。

② 社会保険の観点

　次に，社会保険の扶養を考えます。社会保険の扶養の要件のうち，年収130万円未満の方について，主として被保険者の収入によって生計が維持されている必要があります。また，共働きで夫婦ともに勤務先の社会保険に加入している場合は年収の多い側が主な生計維持者として判定されるため，原則年収の多い側が子を扶養に入れることになります。したがって，本設例においては，子どもは夫の扶養に入ることになります。なお，夫婦のどちらかが国民健康保険に加入している場合も，年収の多い側（国民健康保険の加入者の年収は，直近の年間所得で見込んだ額）が主な生計維持者として判定されます。したがって，国民健康保険に加入している側の年収が多い場合，子どもを社会保険の扶養に入れることはできない点にも注意が必要です。

　上記から考えると，所得税法と社会保険の扶養を変えることで，世帯全体としてのメリットを享受できるかもしれません。なお，仮に子どもが16歳以上になった場合，所得税法の扶養控除を受けることができるため，子どもを夫の扶養に入れたほうが家計全体として恩恵を受けられる可能性もあります。この場合に，妻が子どもを扶養に入れるべきか否かは，住民税非課税による優遇と家

12　住民税の非課税に係る取扱いは自治体によって異なるため，実際には各自治体に問い合わせて詳細を確認する必要があります。

計全体の所得税の節税効果を勘案して検討することになります。

(4) 注意点

　この設例は、健康保険組合の規約や住居のある自治体の住民税非課税に対する優遇措置、会社から支給される手当（例えば、夫への子育て手当など）を勘案していません。例えば、妻が子どもを所得税法の扶養に入れることで、夫が会社から支給される扶養手当や家族手当などが減少することもあり得ます。

　なお、令和6年に限れば、所得税・住民税の定額減税にも注意が必要です。すなわち、通常の扶養控除では16歳未満の子どもについて扶養控除を受けることはできませんが、所得税・住民税の定額減税においては、16歳未満の扶養親族についても扶養の対象としてカウントできます。

【ちょっと一言】

■法人税による節税効果ばかりを考えると……

　個人会社の社長が妻に対して給与を支払う際に、法人の節税効果にばかり目が行きがちです。しかし、個人会社の場合、会社の財産と世帯の財産をトータルで考えて、一番合理的な方法を選択することが大切です。法人の節税効果だけでなく、所得税、住民税、社会保険料などを考えたうえで、どの方法が家族にとって最善なのかという目線が必要になります。

　その一つの目線として、本ケースでは扶養の論点を取り上げました。

■異次元の少子化対策

　130万円の壁が社会問題化しており、「異次元の少子化対策」として政府の対応策が示されています。主にパート・アルバイトの方向けの施策として、令和5年10月から、130万円を超えてもその収入の増加が一時的であることを事業主が証明することで、連続2回までは一時的に130万円を超えても扶養から外れないことになりました。

ケース21

安易に税務調整すれば よいと言っていませんか？
―法人税×会計―

		関連分野				
		会計	民法	会社法	労務	ビジネス
What	法人税	○				
How	所得税					
	相続税					

<ケースの概要>
法人税申告書は開示資料ではないため，外部に内容が開示されることはありません。そうすると，税務申告の内容は外部に一切開示されないのでしょうか？　いえいえ，そんなことはありません。

Zさん（経理部長）：I先生。最近，インフレなどもあって株主からコスト削減を求められているんですよ。ですが，うちの営業はイケイケなので，交際費を激しく使うんですよね……。

I先生：なるほど。

Zさん：科目を交際費にしないで，販促費とするのもありですかね？　そうすると，外部にも数値が出ませんし。交際費が多いとちょっと見栄えが……。

I先生：うーん，あまり賛成はできないですね。一応税理士の立場からすると，税金計算をきちんとすればよいので，科目の表示について絶対にダメとは言えませんが……。税務申告書を開示するわけではないので，交際費として加算処理した部分は外部の人からは見えないですし。

第Ⅱ章　いろいろな論点を網羅していますか？（税法×関連分野編）

1　落とし穴＆ポイント

税務申告書を開示するわけではないので，交際費として加算処理した部分は外部の人からは見えないですし。

ここがポイント

たしかに税務申告書は開示されません。しかし，税率差異といわれる注記で，交際費といった社外流出項目などが開示される場合があります。税率差異の注記によって，会社の税務戦略やタックスポジションを分析することができますが，換言すると，重要な税務上の処理が外部に開示されているともいえます。

2　ポイントの整理

(1)　税率差異の注記とは

　税率差異の注記とは，当期純利益に対する法人税等の比率と法定実効税率との間の差異を説明する注記をいいます。税率差異が重要であるときは，当該差異の原因となった主要な項目別の内訳を注記することとされています（税効果会計基準第四２）。

　上場企業は有価証券報告書などにおいて税率差異の注記を開示することが求められているため，各社のウェブサイトなどから当該注記を確認することができます。

165

(2) 設　例

　では，税率差異の注記とは，具体的にどのような注記でしょうか。例えば，次のような決算数値を想定して，税率差異の注記を考えます。

計算の前提

税引前当期純利益	1,000
交際費	300
課税所得	1,300
法定実効税率	30%
法人税等 (※)	390

（※）（1,000＋300）×30％

損益計算書

税引前当期純利益	1,000	A
法人税等	390	B
当期純利益	610	
計算上の負担率	39%	B／A

　法人税は課税所得に税率を乗じて計算するため，理論的には税引前当期純利益に対して法定実効税率30％を乗じても，法人税等には一致しません[13]。したがって，法人税の計算においては，会計数値に対して何らかの調整（申告調整）を行っていることになりますが，損益計算書を見てもその内容を判別することができません。そのため，冒頭のＩ先生の発言，すなわち「税務申告書を開示するわけではないので，交際費として加算処理した部分は外部の人からは見えないですし。」につながるわけです。

　しかし，一般の投資家には決算書の利益と法人税のつながりを示す必要があります。それゆえ，設例の損益計算書における実際の税負担率39％（法人税等／税引前当期純利益）と法律上定まっている法人税等の負担率（法定実効税率）との差異を税率差異という形で開示することになります。

13　ただし，ほとんどの非上場会社の場合は申告調整を実施しないと思います。この場合，税引前当期純利益と課税所得の差異原因は，事業税の納付又は還付のみであることが多いと考えられます。

第Ⅱ章 いろいろな論点を網羅していますか？（税法×関連分野編）

＜税率差異の注記＞

法定実効税率	30％
交際費 (※)	9％
法人税等の負担率	39％

（※）交際費9％の計算過程：
　① 交際費（加算・社外流出）300に対する法人税等90（300×30％）
　② 90の税引前当期純利益に対する影響9％（90／1,000）

　つまり，交際費9％から逆算すると，会社がその年度に300の交際費を使用して，その交際費について会計上は費用であるものの，法人税の計算上は加算調整（社外流出）として税務調整されていることが丸裸になるわけです。

(3) 税率差異から見えてくる会社の財務・税務戦略

　読者の皆様は上記(2)の設例を見て，どう思われましたか？　ふーんと思われたかもしれませんが，この注記を詳しく見ていくと，会社の税務戦略が見えてくることがあります。

　例えば，次のような決算書を想定します。

損益計算書

営業利益	△9,000	
営業外収益		
受取配当金	79,000	
営業外費用		
債権放棄損	△55,000	
経常利益	15,000	
税引前当期純利益	15,000	A
法人税等	－	B
当期純利益	15,000	

税率の情報

法定実効税率	30％	
計算上の負担率	0％	B／A
差異	△30％	

　この設例はかなり単純化していますが，実際の上場企業の開示をモデルにしています。

167

では，この設例における税率差異の注記が以下の場合，どのような想定が導かれるでしょうか。

＜税率差異の注記＞

法定実効税率	30％
受取配当等の益金不算入	△150％
繰越欠損金（評価性引当金）(※)	120％
法人税等の負担率	0％

（※）評価性引当金についてはケース22参照

受取配当等の益金不算入が△150％になっています。つまり，税負担を150％抑えているということになります。

150％を金額に置き直すと，税引前当期純利益15,000に対して150％の節税効果，つまり22,500（15,000×150％）の節税効果を発揮したことになります。22,500の節税効果をその本体の金額に置き直すと，22,500÷30％（法定実効税率）＝75,000となります。つまり，75,000の受取配当等の益金不算入があったことになります。

では，この会社の受取配当金はいくらでしょうか。損益計算書には79,000の受取配当金が計上されています。つまり，受取配当金の大部分が益金不算入であることから，その多くが子会社などの関係会社からの配当により発生したといえます。

モデルとした会社は，当時業績がかなり悪く，また債権放棄損で多額の損失を計上しています。一方で，社内的な事情や投資家に対する決算説明などの観点から経常利益をどうしても計上する必要がありました。では，どうすればよいのか。その手段として関係会社からの配当をもって切り抜ける必要があったのでは，という想定に行き着きます。これはすべて想像ですが，少なくとも子会社からの多額の受取配当金を計上した事実を把握することはできます。

このように税率差異の開示を通して，会社の税負担を高めている，あるいは，低く抑えている要因を確認することができます。

第Ⅱ章　いろいろな論点を網羅していますか？（税法×関連分野編）

【ちょっと一言】

■税率差異の注記は情報の宝庫

　税率差異の開示は会社の税務戦略を示しており，タックスポジションの把握という点で情報の宝庫であるといえます。

　有価証券報告書はかなりの厚さですし，個人的な意見としては，投資家への情報提供という意味であまり必要のない情報も含まれていると思っています。しかし，この税率差異の注記と**ケース22**で紹介する繰延税金資産の注記を詳しく見てみると，会社の税務申告書の内容が透けて見えてきますので，会社のタックスポジションを確認するうえで有用な注記であるといえます。換言すると，この情報で税務上の「無駄遣い」も見えてきますので注意が必要です。

　税務申告の情報は外部に漏れることはない？　いえいえ，そんなことはありません。

169

ケース22

単純ではない税効果会計
―法人税×会計―

		関連分野				
		会計	民法	会社法	労務	ビジネス
What How	法人税	○				
	所得税					
	相続税					

<ケースの概要>
税効果会計の適用によって，申告調整の一部が法人税等調整額として損益計算書に反映されます。その結果，税引前当期純利益と法人税等の対応を図ることができます。しかし，すべてのケースでその対応が図られるかというと，そういうわけではありません。

Case

Zさん：先生，申告調整で加算をすれば法人税は増えますよね。

I先生：そうですね。そもそも赤字の場合や黒字でも繰越欠損金を使用できる場合などは別ですが，そうでなければ，法人税は増えますよ。

Zさん：うちの製品の一部について瑕疵があって，その保証をめぐって訴訟が提起されそうで，その損害額を引当金として見積ることになりそうです。その引当額は，税務上は損金になりませんよね？ 引当金を計上しても，法人税は減らないとなると，最終の利益が傷むので困っておりまして。

I先生：引当金は確定債務ではないので損金ではないですね。ただし，税効果会計というものがあるので，最終の利益を傷めないことができます。つまり，<u>課税所得が増えて法人税等は増加しますが，法人税等調整額という，イメージとしてマイナスの法人税等を決算書上は計上できるので，損益計算書が傷むことはないです</u>。

第Ⅱ章　いろいろな論点を網羅していますか？（税法×関連分野編）

1　落とし穴＆ポイント

課税所得が増えて法人税等は増加しますが，法人税等調整額という，イメージとしてマイナスの法人税等を決算書上は計上できるので，損益計算書が傷むことはないです。

ここがポイント

税効果会計を適用する場合，申告調整で加算した項目に対する将来の法人税等の減額効果（繰延税金資産）を見込むため，法人税等のマイナス（貸方の法人税等調整額）が生じます。しかし，繰延税金資産を全額計上できるのかというと，そう単純ではありません。

2　ポイントの整理

(1)　税効果会計とは

　税効果会計は，企業会計上の資産又は負債の額と課税所得計算上の資産又は負債の額に相違がある場合において，法人税等の額を適切に期間配分することにより，法人税等を控除する前の当期純利益と法人税等を合理的に対応させることを目的とする手続きであるとされています（税効果会計基準第一）。つまり，「企業会計」と「税務会計」の差異（ズレ）を調整し，会計上の利益に見合った税金費用を適切に期間配分する手続きをいいます。
　少し理解しづらい会計処理であり，まず簡単な設例を用いて説明します。

171

(2) 設　例

　次のような数値を想定します。

税引前当期純利益	500
賞与引当金繰入額（税務上，損金にならない費用）	100
法定実効税率	30%

①　賞与引当金の仕訳

借方	金額	貸方	金額
賞与引当金繰入額	100	賞与引当金	100

法人税申告書

税引前当期純利益	500
賞与引当金　加算	100
課税所得	600
税率	30%
法人税等	180

損益計算書

税引前当期純利益	500	A
法人税等	180	B
当期純利益	320	
実際負担率	36%	B／A

　賞与引当金繰入額100は法人税の計算において損金にならないため，法人税の申告書において加算調整します。そのため，税引前当期純利益500に100を加算した，課税所得600に対して税率を乗じることで法人税等が計算されます。一方，損益計算書では，税引前当期純利益500に対して法人税等が180計上されて，決算書における見かけの税率は180÷500＝36％になります。つまり，実際の負担税率と法定実効税率の間に差異が生じることになります。

　この差異を調整するために税効果会計を適用します。賞与引当金100が会計と税務のズレの部分になるため，そのズレを会計上に反映させることになります。

第Ⅱ章　いろいろな論点を網羅していますか？（税法×関連分野編）

②　税効果会計の仕訳

借方	金額	貸方	金額
繰延税金資産	30 [(※)]	法人税等調整額	30

（※）　$100 \times 30\% = 30$

　税効果会計を適用した結果，損益計算書は次のように変動します。損益計算書上の法人税等合計額（法人税等＋法人税等調整額）は150となり，決算書における負担税率と法定実効税率が一致します。

損益計算書（税効果前）

税引前当期純利益	500
法人税等	180
当期純利益	320
負担税率	36%

損益計算書（税効果後）

税引前当期純利益		500
法人税等	180	
法人税等調整額	△30	150
当期純利益		350
負担税率		30%

⇒法定実効税率30％と一致する

　このように，税効果会計を適用した損益計算書において，税引前当期純利益と法人税等合計額が，法定実効税率を通じて合理的に対応します。つまり，「きれいな」損益計算書になったといえます。

(3)　繰延税金資産とは

　税効果会計適用後の損益計算書における法人税等は，税引前当期純利益との関係においてきれいに計上されることになります。ここで着目したいのが，借方の勘定科目，すなわち繰延税金資産です。

　繰延税金資産とは，「将来の法人税等の支払額を減額する効果を有し，一般的には法人税等の前払額に相当するため，資産としての性格を有するものと考えられる」とされています（税効果会計に係る会計基準の設定に関する意見書二）。つまり，将来の税金を安くできる資産（法人税の前払い）と説明されていますが，一体どういう意味なのでしょうか。

173

例えば賞与引当金は，将来的に賞与を支払った時点で，会計上はその支払い
に充てることができます。しかし，賞与引当金を計上した時点でその費用は確
定債務でないため，税務上の損金性は否認されます。そのため，計上時点では
申告調整において加算します。

　税務上は実際に賞与を支給するなどの一定の要件を充足した時点で申告調整
にて減算されるため，計上時点において，将来の税務申告の減算処理を通して
課税所得を減額させる効果があるといえます。それゆえ，賞与引当金はその計
上時点においては損金性が否認されるものの，将来の法人税を下げる効果があ
るため，賞与引当金で加算処理した税金部分は実質的に法人税の前払いであり，
将来の法人税の減額効果を持つ資産であると考えることができます。その結果，
繰延税金資産として計上するというロジックが成立します。

　一方で，交際費は，税務申告において加算調整するものの社外流出項目であ
るため将来の減算調整はありません。したがって，繰延税金資産としては計上
されないことになります。つまり，**ケース21**で紹介した税率差異の注記には，
申告調整されたものの税効果会計を適用されなかった項目が登場することにな
ります（交際費，受取配当金など）。

(4)　繰延税金資産の回収可能性

　それでは，将来の減算効果を有する（つまり，別表五㈠において留保され
る）加算項目のすべてについて繰延税金資産を計上できるのでしょうか。この
論点が繰延税金資産の回収可能性です。

　重要な点は，繰延税金資産はあくまで法人税の前払いであり，つまり将来の
法人税の減額効果を有するものに限定されるということです。すなわち，繰延
税金資産の本質が将来の法人税の減額効果である以上，減額効果がない場合に
は繰延税金資産は計上できないということになります。資産である以上，将来
の便益をもたらすものであり，そうでない場合は資産ではないとする，資産の
定義に合致した整理といえます。そして，将来の課税所得の減算を通した法人
税の減額効果を有するか否かを，繰延税金資産の回収可能性といいます。

　例えば，次の会社を想定します。

第Ⅱ章　いろいろな論点を網羅していますか？（税法×関連分野編）

- 会社の事業計画上，×2期においては巨額のリストラを予定しており，その時点で多額の損失が計上される。
- 構造改革の一環として，×1期において棚卸資産の評価損を計上する（税務上は損金にならないと仮定する）。その棚卸資産は×2期において廃棄を予定している。

　×1期の棚卸資産の評価損は，将来的には棚卸資産の廃棄や売却によってその損失が税務上認容されるわけですが，×2期においてはそもそも課税所得が生じないため，棚卸資産の評価損に係る減算（認容）をしても，税金の減額効果はないものと判断されます。したがって，×1期における棚卸資産の評価損は将来の法人税の減額効果がないため，繰延税金資産を計上することができないということになります[14]。

項目	繰延税金資産 回収可能性あり		繰延税金資産 回収可能性なし	
	×1期	×2期	×1期	×2期
税引前当期純利益	500	△10,000	500	△10,000
棚卸資産評価損	100	0	100	0
評価損認容	0	△100	0	△100
課税所得	600	△10,100	600	△10,100
損益計算書				
税引前当期純利益	500	△10,000	500	△10,000
法人税等（30%）	180	0	180	0
法人税等調整額	△30	+30	0	0
当期純利益	350	△10,030	320	△10,000
繰延税金資産	30	0	0	0

（注）×2期における繰越欠損金に対する税効果会計の適用は考慮外としています。

14　なお，×2期において生じる繰越欠損金の将来の使用見込みに論点が移るため，実際上は×3期以降の課税所得などを勘案して繰延税金資産の回収可能性があると判断する余地がありますが，本例ではそこまでの検討は実施しないものとします。

175

本来の税効果会計の理屈でいうと，×1期において繰延税金資産が30計上されるため×1期における法人税等合計額は150（180▲30）となり，税引前当期純利益500との間に対応が図られます。しかし，×2期における減算100が税金の減額効果を有しないため（赤字であるため），繰延税金資産を計上できないという結論になります。

このように，会計と税務のズレがある場合でも，そのズレによる将来の法人税の減額効果が生じない場合があります。税引前当期純利益と法人税等との関係においては税効果会計は適用されるものの，繰延税金資産の資産性が否定される場合には，繰延税金資産は計上されないことになります。性質上は繰延税金資産になりうるものの，回収可能性がないため繰延税金資産にならないものを，評価性引当金（額）といいます。税率差異の注記に登場する評価性引当金とは，このような場合を指します（**ケース21**参照）。

なお，設例では繰延税金資産の回収可能性を理解するために，繰延税金資産の回収可能性を検討するための本来的な手続きの説明は割愛しています。実際は，繰延税金資産の回収可能性を判断するために，次の3つの要素を当てはめて検討します。

---

① 収益力に基づく課税所得の十分性
② タックスプランニングの存在
③ 将来加算一時差異の十分性

特に①について，実務上は会社の収益力に応じて会社を一定のカテゴリーに分類して，事業計画と照らし合わせたうえで，繰延税金資産の計上がどこまで容認されるのか検討をします。

したがって，ケース冒頭の会話のように，申告調整して加算した場合に，繰延税金資産と法人税等調整額が直ちに計上できるのかというと，そういうわけにはいかないということになります。

176

第Ⅱ章　いろいろな論点を網羅していますか？（税法×関連分野編）

【ちょっと一言】

■本ケースを取り上げた理由

　繰延税金資産の回収可能性についてかなりポイントを絞ったうえで取り上げましたが，実際の回収可能性の検討は，いろいろなステップを踏みます。そして，最終的には公認会計士や監査法人などの会計監査人と折衝することになるため，税理士が最終判断をすることはそう多くはありません。

　ただし，上場企業に限らず上場を目指す会社（上場準備会社）の顧問税理士は，税効果会計に必ず直面します。顧問先からすると，税効果会計の名称に「税」が付く時点で，まずは顧問税理士に確認するでしょう。「会計は公認会計士へ」とすぐに誘導せずに，税効果会計の概要を伝えたうえで，「……とは言っても繰延税金資産の回収可能性には判断が伴うので，監査法人に相談してください」とワンクッション挟むだけで，顧問先の評価がだいぶ変わってくるのではないでしょうか。

177

ケース23

組織再編成と従業員持株会
―法人税（法人住民税）×民法―

		関連分野				
		会計	民法	会社法	労務	ビジネス
What	法人税	○	○			
How	所得税					
	相続税					

<ケースの概要>
適格要件を満たした株式交換によって，法人税等の課税関係を生じさせずに，グループ再編が可能になります。しかし，会計処理や株主数の考え方で，法人税等への影響があります。

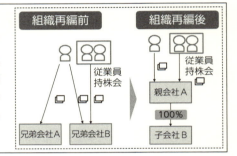

Case

Zさん：この前，同業の会社が兄弟会社を親会社と子会社にしたみたいです。その会社の社長に聞いたら，役割分担が明確になるって言っていました。うちもそういうグループ経営をやったほうがいいですかね？

I先生：兄弟会社を株式交換という手法を使って，親子会社関係にすることはありますよ。組織再編税制という手法を活用することで，法人税や消費税，所得税などは発生しないので，<u>実質的な税負担はないと思いますよ。</u>

第Ⅱ章　いろいろな論点を網羅していますか？（税法×関連分野編）

1　落とし穴&ポイント

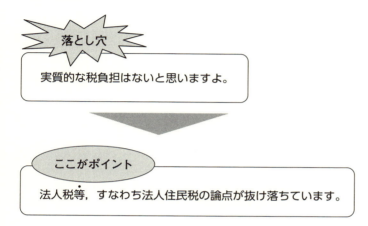

2　ポイントの整理

(1) 株式交換における会計・税務処理

　A社（株式交換完全親会社）はB社（株式交換完全子会社）の株式を取得する代わりに，B社の株主に対してA社の株式を交付することになります。
　すなわちA社は，
・B社株式の取得
・B社株主に対するA社株式の交付
という2つの会計・税務処理を同時に行います。
　なお，B社は株主が変わるだけなので，特に会計・税務処理は発生しません。

179

ここでのポイントは、B社の株主の数です。すなわち、B社の株主数が50人未満か50人以上かで、税務上の仕訳が大きく変わります。

B社の株主数によって税務処理がどのように異なるのか、次の設例を通して確認します。

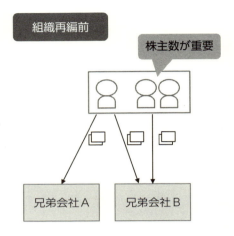

(2) 設例

＜B社の貸借対照表＞

資産	金額	負債・純資産	金額
現金	10	資本金	1
		利益剰余金	9

【会計処理】

借方	金額	貸方	金額
B社株式	10	資本準備金[※]	10

（※）債権者保護手続きを行わない場合には、資本金もしくは資本準備金を増加させることになります（会社計算規則39②但書）。本例では、資本準備金としています。

【税務処理】 B社の株主数が50人未満の場合

借方	金額	貸方	金額
B社株式	1	資本金等の額	1

（※）B社株式の取得価額は、完全子会社となる会社の株主の株式交換直前の帳簿価額の合計額に、その株式を取得するために要した費用を加算した金額となります（法令8①十、119①十イ）。なお、本例では、売買などが過去になかったことを前提に、当初の出資金額である1としています。

第Ⅱ章　いろいろな論点を網羅していますか？（税法×関連分野編）

【税務処理】　B社の株主数が50人以上の場合

借方	金額	貸方	金額
B社株式	10	資本金等の額	10

（※）　B社株式の取得価額は，完全子会社となる会社の株式交換直前の簿価純資産価額に，その株式を取得するために要した費用を加算した金額となります（法令8①十，119①十ロ）。

(3)　法人住民税均等割への影響

　法人住民税均等割の計算においては，資本金等の額と資本金及び資本準備金の合算額を比較したうえで，金額の大きなほうが均等割の税率区分の基準となります。

＜均等割の税率区分の基準となる「資本金等の額」チェックポイント＞[15]

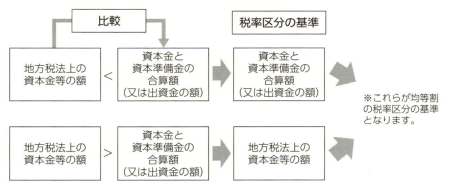

　まず会計処理は，株式交換の手続上で債権者保護手続きを実施しない場合，B社の純資産をもって資本金又は資本準備金を計上します。そのため，法人住民税均等割の計算に大きな影響があります。それゆえ，無償減資などによって

15　東京都主税局ウェブサイト「均等割の税率区分の基準となる「資本金等の額」チェックポイント」
　　https://www.tax.metro.tokyo.lg.jp/kazei/info/kintouwari-checkpoint.html

181

会計上の資本金や資本準備金をその他資本剰余金に振り替えるといった対策が必要になります。

一方，税務上はＢ社の株主数が50人以上か未満かで，Ａ社のＢ社株式の取得原価及び資本金等の額が異なります。資本金等の額が大きいと法人住民税の均等割も増加することになります。一般的に株主数が50人以上の場合のほうが，株式交換実行時に親会社で計上される資本金等の額が大きくなる傾向があるといえます。均等割は継続的に発生するものであるため，長期的な視点から考えた場合に，税負担が無視できない水準になる可能性があります。

なお，欠損填補以外の無償減資を実施しても，均等割の計算における資本金等の額には影響を及ぼさないことにも留意が必要です。

(4) 株主数の判定における留意点（従業員持株会）

株主数の判定においては，従業員持株会のカウントの方法が問題となります。

従業員持株会とは，会社の従業員（当該会社の子会社の従業員を含みます）が，当該会社の株式の取得を目的として運営する組織をいいます[16]。そして，従業員持株会は，「従業員が，実施会社の株式を取得することを主たる目的とする，民法第667条第1項に基づく組合とするものとする」[17]とされていることから，いわゆる民法上の組合組織として設立されることが多いとされています（もちろん，一般社団法人方式や任意団体として設立する方法などもあります）。

民法上の組合形式によって従業員持株会が設立された場合，組合は法人格を持ちません。そのため，組合自体が自社株の所有をすることができず，組合が取得した自社株は，組合員が共有して保有するものとされるため，それぞれの拠出額に応じて，自社株を直接保有するものとみなされます[18]。

なお，税務上はいわゆるパススルー課税として取り扱うこととされ，契約で定めた分配割合に応じて組合員に利益・損失が帰属することとされています

16　日本証券業協会「持株制度に関するガイドライン」
17　前掲注16参照
18　形式としては，組合員が持株会の理事長に自社株を信託し，理事長の名義でその株式が登録されます。

第Ⅱ章　いろいろな論点を網羅していますか？（税法×関連分野編）

（所基通36・37共－19）。

つまり，あくまで株主は「従業員持株会」ではなく，その組合員それぞれということになります。そうすると，当然に株式交換実行時における株主の数は，従業員持株会に加入している従業員数を含めてカウントすることになります。この点が実務では見落としがちになるため，株主名簿を確認する際に，意識する必要があります。

【ちょっと一言】

■従業員持株会に関する苦い経験

本ケースで従業員持株会を取り上げた理由は，私自身の経験によります。

本ケースと同じように株式交換の実行を予定しており，その前提として株主を調査していました。会社からは，株主は50人未満で，特に売買などは過去行われてないと聞いていました。そして，実際にＢ社の株主名簿に記載の株主数を数えても50人未満でした。

しかし，検討を進めるにつれて，従業員持株会（組合方式）がＢ社株式の一部を保有していることがわかりました。盲点だったのが，持株会が理事長の個人名で株主名簿に記載されていた点です。偶然，従業員持株会の話になったためその存在に気づき，ちょうど再編前に株主を一部整理することも検討していたため大事に至らずに済みましたが，この偶然がなかったら大変なことになっていました。

ケース24

（番外編）Excelを過信していませんか？
―税法×PC―

		関連分野				
		会計	民法	会社法	労務	ビジネス
What How	法人税					○
	所得税					○
	相続税					○

<ケースの概要>
これまで，税法×税法や税法×関連分野を確認してきましたが，最も事故が起こるマトリックスは，税法×Excel・spreadsheetであると思います。

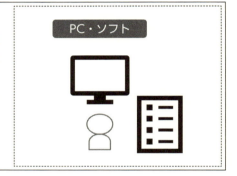

Case

Sくん：I先生。法人税申告書の元資料を作成しました。<u>特に大きな変更点はないので，前期のExcelを再利用しています</u>。また，お客さんが集計してくれた資料も一緒に提出します。

I先生：ありがとう。見ておきますね。

　　　　　　　　～確認後～

I先生：ちょっと，これ，行が増えているのに集計できていないよ。あれ？　これは前期と同じセルの参照になってしまっているよ！　あ，この計算式，一つ入力漏れ起きているよ！　あ！　あーこっちは，前期のままになっているし。帰れるのか，今日……。

第Ⅱ章　いろいろな論点を網羅していますか？（税法×関連分野編）

1　落とし穴＆ポイント

特に大きな変更点はないので，前期のExcelを再利用しています。

ここがポイント

再利用ほど怖いものはありません。Excelの事故を防ぐために，ルールを作ることが重要です。

2　ポイントの整理

　読者の皆様もExcelのミスで冷や汗をかいたことがあるのではと思います。これまでいろいろなケースを取り上げましたが，実は税法×PCというところが，最も単純かつ取り返しのつかないミスであると思います。このミスでは，解釈などの逃げ道がなく，言い訳の余地もないからです。
　会話の中でも，
・集計ミス
・集計漏れ
・更新漏れ
・参照ミス
などを紹介しています。どれも日常的に起こるもので，誰しも経験があると思います。

このミスが起きないようにするために，私が事務所内で心がけていることは次のとおりです。

> ① データのうち，手入力の箇所と自動計算の箇所は色を分けておく。
> ② 基本的には簡単な式で対応する。便利であっても一目見てわからない関数は使用しない（例えばif関数を複数重ねる算式など）。
> ③ 計算式は一つひとつ参照元を追って確認していく。特に，sum関数などの単純な式ほど，その参照が漏れていたりなど，単純ミスが起こりがちである。
> ④ 基本的に直接入力をしない。直接入力するとしても，その箇所は少なくする。
> ⑤ モデル式が組み込まれている場合，基本的には行・列は増やさない。そのため，最初の時点からある程度の余白（空白のセル）を作っておく。
> ⑥ フォントは見やすいものにし，かつ，サイズをそろえる。
> ⑦ セルの結合は使用しない。セルの「配置」で「均等割り付け」して対応する。
> ⑧ 計算結果を検証するためのシートを作っておく（例えば，法人税の計算などでは，**ケース21**で紹介した税率差異分析などが有用です）。

【ちょっと一言】

■このケースは甘く見ないほうがいいです

他にもミスの防止法はいくつかありますし，PCスキルの高い方はもっと高次元なミス防止法をお持ちかと思います。ただし，いずれにせよExcelの式のミスは「あるある」でありながら，同時にかなりリスクの高いものであることを常に意識しておくことが重要です。

このケースは内容が薄いと思われた方が多いと思いますが，**そのような方こそ，まさに要注意です**。内容が薄い＝軽いミスではなく，そのようなミスこそ言い訳は一切できませんし，桁を間違えるようなとんでもない誤りにつながってしまった場合，命取りになりうるということを肝に銘じることが大切です。

私自身，Excelの参照ミスでとんでもない計算ミスを引き起こしそうになった経験があり，それ以来，必ず何回も検証するようにして，ミスを防ぐ努力をしています。

第Ⅲ章

時期・期限・期間に注意！

税法や関連分野を横軸に

		税法					関連分野				
		法人税	所得税	消費税	相続税	その他	会計	民法	会社法	労務	ビジネス
What	対象	第Ⅰ章					第Ⅱ章				
How	手段・程度										
When	時間・期限	第Ⅲ章									
Who (m)	当事者	第Ⅳ章									
Where	場所										
Why	理由・目的	第Ⅴ章									

5W1Hを縦軸に

No.	題 名	項 目
25	あるある青色申告の承認申請漏れ	法人税＆所得税×期限
26	法人成りは所得税と法人税だけじゃない！	所得税＆法人税＆消費税×期間

1 　税法におけるWhenの論点

これまではWhat・Howを視点にして，税法間，あるいは税法と関連分野という横軸について確認してきました。税法間，あるいは税法と関連分野という横軸は，Whatという共通の論点を横軸に拡げることであり，比較的実践しやすいと思います。

次に，時期，期限，期間といった時間軸について確認したいと思います。Whenというと，「いつ」なのですが，この章では，期限，期間を含んだもっと大きな時間軸でWhenを捉えていきたいと思います。この「いつ」という軸は，税法においては取り返しのつかない論点が多くあります。申告期限に間に合わない，申請期限に間に合わない，繰越欠損金の適用期間を間違えた……などなど，今，文字にしているだけでも胃がキリキリします。毎月，月末付近に何か忘れていないか気になるのは，税理士あるあるではないでしょうか。

2 　Whenの整理

まず，個人・法人について１年間の税金関連のイベントを時系列で整理すると，おおよそ次のとおりです（法人は３月決算を前提にします）。

第Ⅲ章　時期・期限・期間に注意！

	個人	法人（3月決算の例）
1月	法定調書作成・提出	法定調書作成・提出
	給与支払報告書の作成・提出	給与支払報告書の作成・提出
	償却資産税の申告	償却資産税の申告
	源泉税（納期の特例）の納付	源泉税（納期の特例）の納付
	住民税の納付（第4期）	
	所得税の確定申告（還付申告1月〜）	
2月	固定資産税の納付（第4期）[※]	固定資産税の納付（第4期）[※]
	確定申告（所得税・贈与税）	
3月	所得税の確定申告（〜3/15）	消費税の届出期限
	消費税の確定申告（〜3/31）	申告期限延長申請期限
	贈与税の確定申告（〜3/15）	決算
	青色申告の承認申請（〜3/15）	
4月	固定資産税の納付（第1期）[※]	固定資産税の納付（第1期）[※]
5月		法人税の確定申告（〜5/31）
		消費税の確定申告（〜5/31）
6月	住民税の納付（第1期）	事前確定届出給与の届出期限
	所得税の予定納税額の通知	
7月	源泉税（納期の特例）の納付	源泉税（納期の特例）の納付
	所得税の予定納税額の納付（第1期）	固定資産税の納付（第2期）[※]
	固定資産税の納付（第2期）[※]	
8月	住民税の納付（第2期）	
	個人事業税の納付（第1期）	
9月		
10月	住民税の納付（第3期）	
11月	個人事業税の納付（第2期）	法人税等の中間申告
	所得税の予定納税額の納付（第2期）	
12月	年末調整	年末調整
	固定資産税の納付（第3期）[※]	固定資産税の納付（第3期）[※]

（※）固定資産税の納期は自治体によって異なるため注意が必要です。

（注）消費税の中間申告・納付の回数は，納税者の状況に応じて異なるため割愛しています。
　　また，毎月の源泉所得税については，「源泉所得税及び復興特別所得税の納付期限と納期の特例」を適用しているものとしています。

個人の場合，基本的なスケジュールに差異はありませんが，法人の場合は，その法人の決算期によってこのスケジュールがズレていくため，法人ごとにスケジュールを整理しなければなりません。

　やはり一番の注意点は，各種届出書の提出期限の失念かと思います（申告書の申告期限は当然に意識すると思います）。特に消費税関係の申請漏れは，税理士職業賠償責任保険の事例としてよく掲載されており，十分な注意が必要であるといえます。消費税簡易課税制度選択適用・不適用届出書などは，予測に基づいた税額の有利・不利まで含めて検討を行う必要がありますが，決算業務に入る前（翌事業年度開始前）が期限になるため，失念しやすいものとなります。また，インボイス制度の導入により消費税の手続関係がさらに複雑になっているため，注意が必要です。

　加えて，ルーティンではない状況においても，期限・期間という観点でミスが起こりやすいと思います。

① 　設立や開業などの最初の時点
② 　法人成りをした場合などの組織形態の変更時点

　①②を例に，実務上よく起こりがちな２つの例を取り上げたいと思います。

＜登場人物紹介＞

人　物	性格・背景	ケース
税理士Ｉ先生	独立10年目の税理士。勉強熱心だが，早とちり。もう少し俯瞰して物事を見たいと日々反省。	すべて
社長Ｘさん	スタートアップ会社の社長。	*25*
個人事業Ｃさん	法人化を目指している個人事業主。	*26*

第Ⅲ章 時期・期限・期間に注意！

ケース25
あるある青色申告の承認申請漏れ
―法人税&所得税×期限―

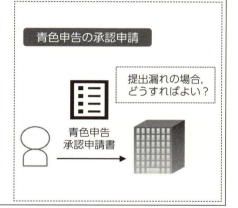

＜ケースの概要＞
税理士業界で嘘か誠か，受け継がれている文句があります。開業届は忘れても，青色申告の承認申請を忘れてはならない……。
青色申告申請書の申請漏れは，それほど税務上のデメリットが大きいものです。仮に申請漏れをしてしまった場合に，どのような対応が取れるのでしょうか？

Case

Xさん：とりあえず会社を設立したんですが，なかなか税理士が決まらず困っていました。これからお世話になります。

I先生：いえいえ，こちらこそよろしくお願いいたします。会社の設立は誰かに頼みましたか？

Xさん：いえ，勉強になると思い自分でやりました。案外簡単に設立できるんですね。

I先生：そうですね，手間はかかりますが，それほど難しくはないです。

Xさん：あとは，税務のことは全くわかりませんので，先生にお願いできればと。

I先生：（ん？）会社の設立で税務署にも書類を提出しましたよね？ それは保管されていますか？

Xさん：いえ，何もしていません。税務のことは税理士と思っていました。

I先生：やっぱり……。

191

1 落とし穴&ポイント

税務のことは税理士と思っていました。

ここがポイント

青色申告の承認の申請漏れは，法人設立で時折起こる問題です。申請漏れが判明した場合，1年目の事業計画をヒアリングしたうえで，対策を講じる必要があります。

2 ポイントの整理

(1) 青色申告の承認申請とは

　本ケースのように法人税を前提とすると，青色申告の承認の申請とは，法人税の確定申告書，中間申告書等を青色申告書によって提出することの承認を受けようとする場合の手続きをいいます。原則として，青色申告によって申告書を提出しようとする事業年度開始の日の前日までが申請期限になります（法法122①）。ただし，法人設立の事業年度から青色申告の承認を受けるためには，「普通法人又は協同組合等の設立の日の属する事業年度の場合は，設立の日以後3月を経過した日と当該事業年度終了の日とのうちいずれか早い日の前日まで」，つまり，通常は設立から3か月以内に青色申告の承認申請書を管轄の税務署に提出する必要があります（法法122②一）[1]。

第Ⅲ章　時期・期限・期間に注意！

(2)　青色申告のメリット

　法人の場合，青色申告をするメリットは次のとおりです。

---

① 　欠損金の繰越控除（法法57①）
② 　欠損金の繰戻し還付（法法80）
③ 　中小企業者等の少額減価償却資産の取得価額の損金算入（措法67の5①）
④ 　賃上げ促進税制などの各種税額控除の適用（措法42の12の5他）
⑤ 　推計による更正又は決定の禁止（法法131）

　特に，法人の設立においては「①欠損金の繰越控除」が重要です。通常，最初の事業年度は収益より費用が先行するため，赤字（欠損金）になることが多いと思います。欠損金の繰越しによって翌事業年度以降の黒字（所得）と相殺することができるため，法人税を節税することができます。もし青色申告の承認を受けていない場合には，先行して計上する欠損金を将来の法人税の所得の計算において控除できないため，「もったいない」状態になります。

　なお，青色申告の場合は原則として正規の簿記の原則（通常は複式簿記）を前提として会計帳簿を作成することになるため（法法126①），収支のみの帳簿（いわゆる単式簿記）は認められません。この点は手間になると考えられますが，安価な市販の会計ソフトが多く存在しており，通常は会計ソフトを使用して帳簿を付けることが多いと思いますので，実際上，デメリットになることは多くないでしょう。

(3)　青色申告の承認申請を忘れてしまったら

　法人の設立段階で専門家に依頼せず，設立者ご自身で手続きをされた場合，時折，青色申告の承認申請が漏れているケースを見かけます。先に記載したよ

1 　所得税における青色申告書の承認申請期限は，青色申告による申告をしようとする年の3月15日まで（その年の1月16日以後，新たに事業を開始したり不動産の貸付けをした場合には，その事業開始等の日（非居住者の場合には事業を国内において開始した日）から2月以内）となります（所法144）。

193

うに，青色申告の効果は絶大ですので，申請漏れによる損失は最小限に抑えたいものです。

もし私が担当だったら，まず次の点を確認します。

---

① 最初の事業年度の状態と将来の事業計画
② 事業年度変更の可能性
③ 費用の資産化

それぞれについて確認していきます。

① **最初の事業年度の状態と将来の事業計画**

最初の事業年度において，決算月まで期間が短い場合，かつ，それほど費用が発生しない場合には，次の事業年度（つまり第2期）の開始までに青色申告承認申請書を提出して，1期は白色申告で進むという方法も一つであると思います。また，そもそも在庫や設備を必要としない事業では，所得が生じる場合もあります。このようなときにも，青色申告の承認申請を急ぐ必要はないかもしれません。

では，欠損金が多く発生することが予想される場合，どのような対応が考えられるでしょうか。

② **事業年度変更の可能性**

この場合，取りうる選択肢の一つは決算期の変更です。つまり，第1期の事業年度を早期に区切ってしまい，第2期が始まる前に青色申告の承認申請書を提出します。そうすると第2期から青色申告を適用できます。なお，臨時株主総会を開催し，定款の変更（事業年度の変更）の手続きが必要ですが，事業年度は登記事項ではないため，その点でも事務負担はさほど大きくないものと思います。ただし，デメリットとして，最初の事業年度に係る税務申告を予定より早期に実施する必要があること，所轄税務署等への異動届の提出が必要になること，消費税の納税義務への影響（基準期間の取り方など）を確認する必要があることなどが考えられます。

③ **費用の資産化**

例えば，創立費や開業費といった繰延資産は，税務上は自由に償却すること

第Ⅲ章 時期・期限・期間に注意！

ができます（任意償却）。つまり，設立に係る費用を一旦繰延資産に計上することで，後で損金にするということが可能になります。ただし，繰延資産として認められる範囲は当然に決まっていて，無制限にその計上が認められるわけではありません。

他に，少額の減価償却資産について，費用化せず固定資産に計上する方法があります。少額の減価償却資産とは，使用可能期間が1年未満のもの，あるいは，取得価額が10万円未満のものをいいます（法令133①）。少額の減価償却資産は，その取得価額について損金経理することにより損金の額に算入することができますが，損金経理せずにあえて固定資産に計上することで，減価償却費として遅れて費用化されるため，費用の計上を先延ばしすることが可能になります[2]。

なお，会計処理を工夫することと，会計処理を誤って適用することは全く異なる話ですので，きちんと根拠を持ったうえで会計処理を行いましょう。

【ちょっと一言】

■相続時における青色申告承認の申請

青色申告の承認申請漏れは設立段階に限らず，他の状況でも生じることがあります。よくある例は，相続で個人事業を引き継いだ場合の青色申告の承認申請漏れです。被相続人が青色申告を事前に申請しているならば，その事業に係る青色申告は継続すると思われがちですが，そうではない点に気をつけなければなりません。相続人が被相続人の業務を相続した場合の提出期限は，原則として業務開始日から2か月以内ですが，特例として一定の場合は準確定申告の提出期限までとされています。

---

2 ただし，償却資産税の申告対象になる点は注意が必要です。

青色申告書を提出することにつき税務署長の承認を受けていた被相続人の業務を相続したことにより新たに法第143条《青色申告》に規定する業務を開始した相続人が提出する法第144条に規定する申請書については，当該被相続人についての所得税の準確定申告書の提出期限（当該期限が法第147条《青色申告書の承認があったものとみなす場合》の規定により青色申告の承認があったとみなされる日後に到来するときは，その日）までに提出して差し支えない（所基通144－1）。

　相続の際には相続税に目を取られがちですが，所得税にも気を配らなければなりません。相続税と所得税と青色申告の承認申請，まさにWhat×How×Whenが重なるマトリックス的思考が必要になる論点になります。

第Ⅲ章 時期・期限・期間に注意！

ケース26

法人成りは所得税と法人税だけじゃない！
―所得税＆法人税＆消費税×期間―

		税法		
		法人税	所得税	消費税
When	期限			
	期間	○	○	○

<ケースの概要>
個人事業が順調に拡大した場合，次の段階は法人成りの検討かと思います。法人成りの目的は，信用力の拡大や融資上限の引き上げなど様々ありますが，法人税と所得税の税率差も大きな論点になります。しかし，消費税にも大きな論点が存在します。

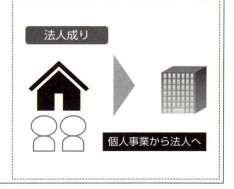

Case

Cさん：先生，うちもいろいろ軌道に乗ってきたので法人化を進めたいと思います。

I先生：承知いたしました。これからいろいろと大変ですが，サポートしていきますのでよろしくお願いいたします。

Cさん：本業自体はこのまま進めていきますが，私と妻の給料はどうなりますか？　元々，妻には専従者給与を払っていて，私は個人事業主なので給料がないのですが。法人化したら妻も役員にしようと思っています。

I先生：お二人とも役員になると，役員報酬ということになります。基本的に毎月定額になりますね。

Cさん：わかりました。妻に関しては給料がほぼ変わらないようにしたいです。業務自体変わりませんし。

I先生：税率的にも問題なさそうですね。法人成りの目的の一つは所得税と法人税の税率差ですからね。そこをクリアすればまず大丈夫です。

197

1 落とし穴&ポイント

落とし穴

法人成りの目的の一つは所得税と法人税の税率差ですからね。そこをクリアすればまず大丈夫です。

ここがポイント

法人成りの際に、消費税の納税義務の検討は非常に重要です。特に、専従者給与と特定期間における給与等の支払額との関係は盲点になりやすいといえます。

2 ポイントの整理

(1) 法人成りの目的

　法人成りの目的は、社会的な信用力の向上、事業主（役員）本人の社会保険への加入など様々ありますが、税務の観点で最も大きな点は、所得税と法人税の税率の違いであるといえます。すなわち、所得税は累進課税である一方、法人は比例課税方式が採用されているため、一定の所得以上になった場合の税負担が大きく異なることになります。税務の観点からは、法人成りのトリガーの一つは、法人税・所得税の税率差であるといえます。

　しかし、消費税の納税義務にも重要な論点があり、主に「期間」を意識したうえで、法人税・所得税・消費税のそれぞれを検証しなければなりません。

第Ⅲ章　時期・期限・期間に注意！

(2)　消費税の納税義務の判定

　消費税の納税義務の判定は，税制改正を経てかなり複雑化しています。

　法人設立に係る消費税の納税義務の判定は，一般的には次のようにまとめられます[3]。

設立1期目	資本金（1,000万円基準）による判定（消法12の2①）
設立2期目	資本金による判定＆特定期間による判定（消法12の2①，9の2①）
設立3期目以降	基準期間の課税売上高＆特定期間による判定（消法9①，9の2①）

（※）留意事項については，「ちょっと一言」参照

①　特定期間による判定

　本ケースでは，特定期間による判定を取り上げたいと思います。

　特定期間とは，個人事業主は前年1月1日から6月30日までの期間，法人については原則として前事業年度開始の日から6か月の期間をいいます（消法9の2④）。そして，消費税の納税義務の判定にあたって，その特定期間について，以下の判定が必要になります。

①　特定期間における課税売上高（消法9の2①②）

②　特定期間における給与等の支払額（消法9の2③）

　①及び②の両方が1,000万円[4]を超える場合には，当期において課税事業者となります。

　つまり，法人が免税事業者でいることを希望する場合は，特定期間や基準期間における課税売上高のみならず，特定期間における給与等の支払額も考慮する必要があります。

3　他に，特定新規設立法人の特例（消法12の3①）や合併，会社分割による特例（消法11，12など）があります。また，そもそも適格請求書（インボイス）発行事業者の登録をすると課税事業者となりますが（消法57の2），本ケースでは課税事業者になることを選択していないことを前提にします。

4　特定期間においては消費税の課税事業者ではないため，税抜という概念がありません。したがって，会計帳簿における課税売上高などの金額それ自体で1,000万円との大小を判定します。

199

＜イメージ図＞

第1期　1/1～12/31		第2期　1/1～12/31	
特定期間（前半）			
課税売上高 及び 給与等の支払額	＞1,000万円　⇒	課税事業者	

②　コントロールできるのは？

特定期間における判定は，課税売上高及び給与等の支払額で行います。ここで重要な点は，特定期間における判定においてコントロールできる金額は，給与等の支払額（人件費）ということです。

まず，個人事業主から法人成りをする場合，ある程度の売上が確保されていることが前提にあると思います。先に取り上げた法人税と所得税の税率差が，まさに法人成りの理由であるためです。この場合，半期の特定期間における課税売上高が1,000万円を超えるケースは十分に想定されます。そして通常，売上は取引先との関係上，金額や売上の時期をコントロールすることができないと思います。

一方，給与[5]，特に役員報酬はコントロールが可能なものになります。設立事業年度の役員報酬の額次第では，2期目の消費税の納税義務判定に影響が生じることになります（なお，短期事業年度については第Ⅳ章ケース27参照）。そのため役員報酬は，法人税・所得税以外に，消費税も考慮して決定する必要があります。

特に，私が実務にあたって気にするのは，社長の奥様の青色事業専従者給与との関係です。社長の役員報酬は新たに設定するので，必ず意識することになりますが，奥様のほうは元々給与があるために，何気なしに，青色事業専従者の給与の額と同額の役員報酬でいきましょうね，と言ってしまいがちです。こ

5　給与は，所得税の課税対象とされる給与，賞与等が該当します。通勤手当や旅費等の所得税の非課税項目や未払給与は該当しません（消基通1－5－23）。

こに盲点があります。顧問先が免税事業者を希望されている場合は，社長と奥様（及び従業員）の特定期間の給与を1,000万円以下にするように，顧問先と打ち合わせをすることが大切です。

また，案外見落としがちなのが第3期です。まず，第3期において，第1期（基準期間）の課税売上高が1,000万円を超えるか否かについては，年換算で判定することにも注意が必要です（「ちょっと一言」②参照）。

また，第3期における特定期間は第2期に該当するため，第2期の上半期の課税売上高及び給与等の支払額次第では，第3期に消費税の課税事業者になります。したがって，第2期についても，消費税の納税義務を踏まえて役員報酬などを決める必要があるといえます。例えば，医療法人などでは保険診療収入が非課税売上げなので（消法6，別表第2六），消費税の納税義務者になることはないと安心していたところ，自由診療収入が想定より大きくなってしまうことがあります。そうすると，消費税の納税義務のトリガーが給与になってしまうため，注意が必要になります。

【ちょっと一言】

■法人成りのその他の注意点
① 固定資産の譲渡
　個人事業主が法人成りをする場合，個人事業主として使用していた固定資産（建物，機械，器具備品など）を法人に譲渡することがあります。この場合，その譲渡に関して個人事業主の側で課税売上げが生じます。個人事業主が課税事業者である場合，併せて申告納付すべきことに留意が必要です。
② 設立3期目の基準期間に係る課税売上高
　設立3期目の基準期間に係る課税売上高は年換算が必要です（消法9②二）。個人事業主の場合とで取扱いが異なる（個人事業主は年換算をしない）点に注意が必要です。

③　資本金の判定

　期首の資本金の額が1,000万円以上の場合，消費税の納税義務が免除されません（消法12の2①）。また，設立1期目に増資をして資本金の額が1,000万円以上の場合，1期目は消費税の納税義務が免除されますが，2期目の期首は資本金が1,000万円以上になるため，2期目に消費税の納税義務者となります（消基通1－5－15）。昨今では資本金と会社の規模が連動していないため，設立当初からあえて1,000万円以上の資本金を保有する必然性は薄れていると思われます。しかし，建設業や人材派遣事業を行う場合など，業種によっては業法により一定額以上の資本金の額を保有する必要があるため，そのような会社は要注意です。

④　調整対象固定資産

　また，課税事業者であり，かつ，原則課税で消費税の申告を行っている事業者のうち，一定の者が調整対象固定資産を取得した場合，課税事業者としての期間が延長されます（消法9⑦，12の2②，12の3③）。

　例えば，許認可の事情で資本金を1,000万円以上とした場合でも，3期目以降は資本金のみを理由とした消費税の納税義務はありません。しかし，2期目までに税抜100万円以上の一定の固定資産（調整対象固定資産（消法2①十六））を取得した場合は，3年間納税義務が免除されません。また，簡易課税の適用も選択できません。実務上，車両を取得する場合や店舗建物を賃借するための権利金などを支出すること（消基通12－2－1）で意図せずに該当する可能性があるため注意が必要です。

■インボイス制度

　今後，個人事業主から法人成りをする場合に，法人成りする最初の事業年度から適格請求書発行事業者（いわゆるインボイス発行事業者）になるという選択肢も出てくると思います（消法57の2）。法人設立の最初の段階から適格請求書発行事業者に登録することのメリット・デメリットについては，必ず顧問先に説明する必要があります。特にその事業がB to Bなのか，B to Cなのかで，登録の必要性が大きく変わります。

第Ⅳ章

役割分担に注意！

税法や関連分野を横軸に

		税法					関連分野				
		法人税	所得税	消費税	相続税	その他	会計	民法	会社法	労務	ビジネス
What	対象	第Ⅰ章					第Ⅱ章				
How	手段・程度										
When	時間・期限	第Ⅲ章									
Who (m)	当事者	第Ⅳ章									
Where	場所										
Why	理由・目的	第Ⅴ章									

5W1Hを縦軸に

No.	題　名	項　目
27	他の専門家に消費税の論点を伝えていますか？	税法×他の専門家
28	畑違いの分野は守備範囲になりませんよ！	税法×他の専門家
29	税理士がスキームを策定するならば	税法×他の専門家

1 Who（m）の論点

Who（m）の論点，すなわち誰が（誰に）の論点を考えます。

実務を通して時折，税理士ほどなんでも相談される士業はないのでは？　と感じます。会計・税務のみならず，労務，法務あるいは人生相談（？）まで様々なことを相談されますし，ある意味，専門家としての（といいますか，人間としての）守備範囲が広がると思うことも少なくありません。しかし，それはそれとして，担当業務は明確にしないと思わぬクレームにつながることがあります。

2 年末調整を例にすると

例えば，私が新たに顧問契約を結んでいただいた顧問先の話です。

最初の打ち合わせの時に，会計や法人税，消費税といった根幹の話はさっと終わってしまって，代わりに年末調整や給与支払報告書，法定調書について，かなり事細かに打ち合わせをしました。最初は，なぜそこまで顧問先がその点を気にするのかわからなかったのですが，その理由はその前年に給与支払報告書の提出についてトラブルがあったためでした。その会社は社会保険労務士に給与計算や労務関係の手続きを委託しているのですが，前の税理士の方と会社，社会保険労務士の方との間で意思疎通がうまくいっておらず，給与支払報告書を誰も提出していませんでした。住民税の通知がいつになっても届かないことに会社が疑問に思い，税理士に確認したところ，うちとしてはその業務は受けていないという回答だったとのことです。

ここで重要な点は，誰に責任があるという話ではなく，年末調整から法定調書・給与支払報告書の提出・作成のように，毎年のイベントについても，分担をきちんと設定しておかないと，このようなミスが生じるということです。

これが，より複雑な業務であったり，また税理士の守備範囲ではない業務も関係するような場合などは，他の専門家に依頼することも視野に入れるべきでしょう。

204

第IV章　役割分担に注意！

3　Whereの論点

　次に，Whereの論点ですが，これはどこに，あるいはどこで，という論点です。例えば，消費税の内外判定や，お客様が海外に移住した場合の出国税の取扱い，海外の取引先への支払いに係る源泉徴収が生じる例など，昨今，そういった案件を取り扱うことが増えているように思います。他にも，税務調査で海外子会社との取引関係や，海外子会社に出張した際のその費用分担について質問を受けることが多いように思えます。

　国際税務は非常に難解な分野です。まずは国内法の検討，次に租税条約の検討というように，順を追って検討していくことになりますが，漏れが起こりやすい分野であるため難度が高いといえます。

　国際税務はさほど頻繁に遭遇する論点ではなく，かつ，かなり難易度の高い案件は大手税理士法人に集中するため，ケース・スタディでは取り上げませんが，まずは海外取引の有無を確認し，それに関係する国際税務の取扱いを整理することが大切です。

4　本章のケース・スタディ

　本章では，Who（m）の論点として，登場人物が多くなる場合，あるいは別の専門家に業務を委託した場合に，税理士業務と重複する部分についてのケース・スタディを確認したいと思います。

＜登場人物紹介＞

人　　物	性格・背景	ケース
税理士 I 先生	独立10年目の税理士。勉強熱心だが，早とちり。もう少し俯瞰して物事を見たいと日々反省。	すべて
社長Aさん	I 先生の昔からの顧問先。様々なビジネスに挑戦するアイディアマン。	*28・29*
医師Gさん	医師。個人開業の頃から I 先生の顧問先。	*27*
弁護士Y先生	I 先生と付き合いがある弁護士。	*27*

205

ケース27

他の専門家に消費税の
論点を伝えていますか？
―税法×他の専門家―

		税法・関連分野				
		税法	民法	会社法	労務	ビジネス
Who	税理士	○				
	弁護士	○	○	○	○	○
	司法書士	○	○	○		○
	会社					

<ケースの概要>
特殊な法人の設立業務（例えば，医療法人など）は，弁護士や司法書士など，他の専門家に委託することが多いと思います。その場合，任せれば安心ということはなく，税法の問題点などを適宜共有することが大切です。

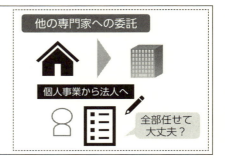

Case

Gさん（医師）：先生，この前の交際費の話も割り切って医療法人化を進めるよ（第Ⅰ章ケース9参照）。

I先生：承知いたしました。通常の株式会社の設立の場合，私が主導でお手伝いできるのですが，医療法人化の場合はそうはいかなくて，弁護士の先生にお願いすることが多いです。今度ご紹介しますね。

Gさん：ありがとうございます。

～弁護士が無事に医療法人化を進めてくれた結果～

Y先生（弁護士）：I先生，いろいろと手続きが完了しました。無事に医療法人化も完了です。

I先生：ありがとうございます。ところで，今更ですが決算期はいつですか？

Y先生：決算期は，ちょうど1年ですよ。7月に法人設立しましたので，来年の6月30日です。

I先生：（あ……，このお医者さん，自由診療が多いのに，消費税の論点を全く伝えていなかった……。どうしよう……。）

第Ⅳ章　役割分担に注意！

1　落とし穴＆ポイント

落とし穴

消費税の論点を全く伝えていなかった……。

ここがポイント

医療法人の設立などの特殊なケースでは，他の専門家に業務を委託することが多いと思います。この場合，他の専門家に税務上の論点を事前に共有することが大切です。

2　ポイントの整理

(1)　事業年度を7か月以下に設定する

　新設法人については，資本金の額を1,000万円未満とした場合，通常設立1期目は消費税の課税事業者に該当することはありません[1]。そして基本的には，免税事業者の期間を長くとったほうが消費税のメリットを享受できるといえます。したがって，本ケースのように設立1期目の期間を1年間にすることで免税事業者の期間をより長くできるため，あえてそのような決算月を設定することも考えられます。

---

[1]　設立1期目から消費税の課税事業者に該当する例として，特定新規設立法人の特例（消法12の3①）や合併，会社分割による特例（消法11，12など）などがあります。

しかしながら，ここで注意すべきは，消費税法における特定期間（第Ⅲ章ケース26参照）です。本ケースで取り上げた個人医院を医療法人化する例では，まさにこのようなケースが起こりやすいです。つまり，本ケースのように自由診療を多く取り扱っている医院の場合，個人医院が医療法人化する段階では，課税売上げがある程度の規模になっていることが通常であり，また事業の特性上，スタッフを雇用するため（看護師や歯科衛生士など），人件費もある程度生じる傾向にあります。それゆえ，特定期間における判定を実施した結果，消費税の納税義務が生じてしまうことがあります。このような場合には，短期事業年度の採用を検討することも有用です。

　本ケースのように設立事業年度が1年の場合は，特定期間の判定により2期目に消費税の納税義務が生じることがあります。しかし，1期目の事業年度を7か月以下に抑えることで（2期目から見ると，短期事業年度にすることで），2期目における特定期間の判定を排除することが可能になります（消令20の5①）。

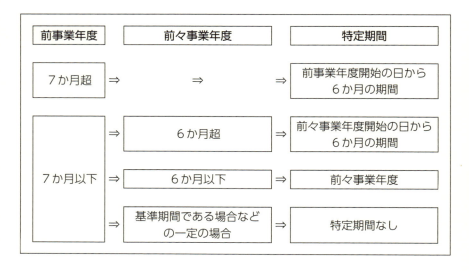

　当事業年度の前事業年度が7か月以下の場合，前事業年度は特定期間に該当せず，前々事業年度を特定期間としますが（厳密には上図参照），新設法人に

第Ⅳ章　役割分担に注意！

は前々事業年度に該当する期間がないため，新設法人の1期目を7か月以下に
した場合には，特定期間がないという結論になります。

(2)　具体例

①　第1期の事業年度を12か月に設定する場合
②　第1期の事業年度を7か月とする場合
　この条件でどのような差が生じるでしょうか。

（前提条件）

・設立1期目の上半期における課税売上高及び給与等の支払額が1,000万円超
・消費税の課税事業者の選択は行っていない

---

①　第1期の事業年度を12か月に設定する場合

・第2期における基準期間：該当なし
・第2期における特定期間：第1期における事業開始の日から6か月の期間
「課税売上高」>1,000万円，かつ，「給与等の支払額」>1,000万円
⇒　特定期間の判定の結果，第2期において消費税の納税義務あり

---

②　第1期の事業年度を7か月とする場合

・第2期における基準期間：該当なし
・第2期における特定期間：該当なし（第1期が短期事業年度に該当する）
⇒　判定の結果，第2期において消費税の納税義務なし

209

【ちょっと一言】

■他の専門家が消費税を認識しているか？

　税理士以外の他の専門家へ業務を委託する場合，詳しい専門家は法人税・所得税及び相続税をカバーしていることもありますが，消費税について熟知している他の専門家は少ないと思います。消費税のうち，特に納税義務の判定は非常に複雑になっており，法人の設立は税理士としてもかなり気を遣う分野といえます。そして，インボイス制度開始後，消費税の世界はますます複雑になっています。

　本ケースのように他の専門家への委託を考える場合（定款の作成など）は，特に注意が必要です。免税期間を長く取ろうとして良かれと思って設立1期目を12か月にした場合，逆に免税期間が短くなることもあり得ます。なお，特定期間における給与額をコントロールすること（第Ⅲ章ケース26参照）や事業年度の変更[2]で，この問題を解消できる場合もあります。

2　なお，決算期を変更した場合などは特定期間の判定が複雑になります。決算期変更における特定期間の判定については，国税庁ウェブサイト「消費税法第9条の2事業者免税点の判定について〜新たに設立した法人等の特定期間〜」https://www.nta.go.jp/publication/pamph/shohi/kaisei/pdf/h2309kaisei.pdfが参考になります。

第Ⅳ章　役割分担に注意！

ケース28

畑違いの分野は守備範囲になりませんよ！
―税法×他の専門家―

		税法・関連分野				ビジネス
		税法	民法	会社法	労務	
Who	税理士	○				
	弁護士		○	○	○	
	司法書士					
	会社					○

<ケースの概要>
M&Aのように登場人物がたくさんいる案件の場合，互いの役割が曖昧になりがちです。まずは，自分の役割・守備範囲をきちんとこなして，案件がスムーズに進むようにサポートすることが大切です。

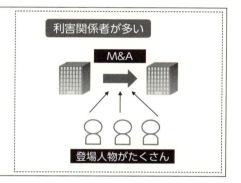

Case

Aさん：この前，いい話がありまして，M&Aで会社を買収しようと考えています。

I先生：なるほど，うまく進むといいですね。

Aさん：先生にもプロジェクトに入ってもらって，いろいろとアドバイスを頂戴できればと考えています。

I先生：どういった立ち位置でしょうか？

Aさん：<u>先生は会計・税務のプロですから，会計・税務の全般をお願いしたいのと，あと，買収に関して先方との調整にも一部入ってもらったり，あるいは，買収スキームの策定とか，そういったところでしょうか。</u>

I先生：（ちょっとちょっと。これ，何をどこまでやるんだ？？）

211

1 落とし穴&ポイント

落とし穴

先生は会計・税務のプロですから，会計・税務の全般をお願いしたいのと，あと，買収に関して先方との調整にも一部入ってもらったり，あるいは，買収スキームの策定とか，そういったところでしょうか。

ここがポイント

税理士と会社の距離が近いことは非常に大事ですが，なんでもかんでも税理士というわけにはいきません。特に，M&Aのように登場人物が多くがいる場合，役割をきちんと整理することが大切です。

2 ポイントの整理

(1) M&Aの進行と登場人物

　上場企業や比較的規模の大きな中堅企業のM&Aの場合，プレイヤーが分散化し，企業の担当部門（経営企画部門など）や専門家（弁護士や公認会計士など）で分担してディールを進めていきます。そして，工数をかけて細部にわたった検討が求められます。一方でスモールM&Aの場合は，M&Aの専門家を入れるほどではありませんが，要所だけは顧問税理士に確認したい買い手が多いように思われます。つまり，税理士に求められる役割は細部の指摘ではなく，主に財務・税務にフォーカスしたうえで，全体的な方向性が誤っていないことを確認することで，その点をカバーできれば十分期待に応えているといえます。

第Ⅳ章　役割分担に注意！

　このように，依頼主の規模などによって税理士の立ち位置は変化するといえ
ますが，いずれにせよ，まず行うべきことは，M&Aの全体像の把握と税理士
として関与する部分の整理です。

　次の図は，一般的なM&Aの流れを概略として示したものです。網がけして
いる部分は，税理士がサポートを依頼される（可能性のある）分野になります。

＜買い手側のM&Aプロセスと税理士の関与ポイント＞

各STEP	STEPの内容	担当者	税理士が検討すべきポイント
STEP 1	M&Aの準備段階 ■ 買い手がM&Aを検討するにあたって，M&Aが適切か否かの検討	買い手の会社 （以下「会社担当者」）	□ 情報収集及びミーティング □ どのような目的，意図を持って買い手がM&Aを行うのかを十分に理解する。
STEP 2	秘密保持契約（NDA）と資料依頼 ■ 買い手が売り手の情報を初期段階で入手	会社担当者 弁護士 税理士 （※2）	□ 簡易に買収対象会社の評価を実施し，買い手との温度感を合わせる。 □ ストラクチャーも検討する。
STEP 3	売り手との面談及び基本合意 ■ 譲渡条件や譲渡価格の協議 ■ 基本合意書の締結	会社担当者 弁護士	□ STEP2で検討した評価及び想定される問題点を買い手に共有する。 □ 本格的なデュー・デリジェンスで結果が変わりうることも共有する。
STEP 4-1 （※1）	買い手による買収調査・価値算定 ■ デュー・デリジェンスの実施 ■ 買収価値の算定	会社担当者 弁護士 税理士 （※2,3）	□ 特に財務・税務の見地からデュー・デリジェンスを実施し，想定していなかった問題点を検出する。
STEP 4-2 （※1）	買収ストラクチャーの検討 ■ 税務上の有利・不利を考慮した買収ストラクチャーの検討	税理士 （※2）	□ STEP2で想定した評価及びストラクチャー関係を精緻化する。
STEP 5	最終契約締結 ■ デュー・デリジェンスの結果に基づき，最終決定 ■ 最終契約書の締結	会社担当者 弁護士	□ 買収契約書のドラフトについて，財務デュー・デリジェンス，税務デュー・デリジェンスで検出した事項がきちんと織り込まれているか確認する。
STEP 6	経営の引継ぎ ■ 売り手からの引継ぎ ■ 統合を効率的に行う（PMIの実施）	会社担当者	□ 財務デュー・デリジェンス，税務デュー・デリジェンスで検出した事項を統合後に反映しているかを確認する。

※1：実務上，STEP4-1と4-2は同時に実施する。
※2：税理士としているが，当然公認会計士も含まれる。
※3：実施するデュー・デリジェンスによって，対応する担当者は異なる。通常，事業デュー・デリ
　　 ジェンスは買い手の会社担当者，財務デュー・デリジェンス，税務デュー・デリジェンスは税
　　 理士や公認会計士など，法務デュー・デリジェンスは弁護士などが対応する。

213

(2) 税理士が担当すべきは

　税理士としてM&Aの全体的な流れを押さえておくことは重要ですが，一方で，例えば契約書の作成，買い手・売り手との交渉の仲介などに深く関与する必要はないと考えます（もちろんサポートできるに越したことはありませんが）。

　顧問先から意見を求められるのは，買収価値のアドバイスや税務上の有利・不利が多いと思います。すなわち，STEP 2，STEP 4（4－1及び4－2）であり，この点について税理士として意見を言えるか否かで，専門家としての付加価値に大きな違いが生じると思います（第Ⅱ章ケース*17*及び本章ケース*29*参照）。

　なお，スモールM&Aの場合や，そもそも会社がM&Aに不慣れな場合，数値に関するすべてを税理士に任せてくることもあります。特に買収価格の交渉といった，いわゆるフィナンシャル・アドバイザーに近い業務については，実務経験なしで手出しすることは，表明保証などの重要な条項に漏れやミスがあるなど，取り返しのつかない事態になるリスクがあると考えます。そのような場合には躊躇なく，別の専門家にお願いすることを視野に入れるべきです。

【ちょっと一言】

■反省を込めて

　本ケースを取り上げた理由は，私自身，苦い思い出を持っているためです。

　私は税理士であると同時に公認会計士でもありますが，会社，あるいは同業の税理士ですら，公認会計士はM&Aにかなり詳しいというざっくりしたイメージを持たれていることが多いように思えます。もちろん，財務デュー・デリジェンス，価値算定（バリュエーション）などは，多くの公認会計士が対応できる箇所も多々ありますが，条件や価格の交渉などは全くの畑違いです。しかし，役割分担をしておかないと，いつの間にか交渉にまで参加して，結果，有意義なアドバイスをできないという事態になります。そうならないためにも，まずは役割分担を明確にして，自分の守備範囲をわきまえておくことが大切です。

第Ⅳ章 役割分担に注意！

ケース29
税理士がスキームを策定するならば
―税法×他の専門家―

		税法・関連分野				
		税法	民法	会社法	労務	ビジネス
Who	税理士	○				
	弁護士		○	○	○	
	司法書士					
	会社					○

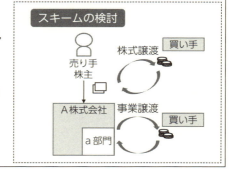

＜ケースの概要＞
M&Aのスキームを決定するうえで、税金のインパクトを確認することは税理士の業務範囲になります。本ケースでは、株式譲渡と事業譲渡の比較を通して、税務上の有利・不利を検討したいと思います。

Case

～ケース28の続き～

Aさん：先生。この前のM&Aの話、株式譲渡か事業譲渡かで進みそうです。先方と価格の折り合いもつきそうです。

I先生：なるほど、それはよかったです。そのあたりのスキームは、最終的にどなたが決めていますか？

Aさん：M&Aの仲介会社がいろいろと考えてくれています。これが比較資料です。

I先生：（んー……あれ、消費税の論点が抜けているような？）税金については何か言っていました？

Aさん：<u>税金については、先生から何か助言をもらえると思っていますが。</u>

I先生：やはり……。

215

1 落とし穴&ポイント

税金については，先生から何か助言をもらえると思っていますが。

ここがポイント

M&Aのスキーム次第で，課税上の影響が全く異なることがあります。スキーム決定前に相談される場合にはまだ方向転換ができますが，売り手との交渉が終盤に差しかかった段階では取り返しがつかなくなることもあります。

2 ポイントの整理

(1) M&Aの体系

　まず，M&Aは企業の合併・買収（Mergers and Acquisitions）という英語の略称ですが，一般的にその体系は次のように整理されます。
　買収のカテゴリーには，株式譲渡と事業譲渡が存在します。組織再編成を伴うM&Aもありますが，本ケースでは最もポピュラーな株式譲渡及び事業譲渡を取り上げたいと思います。

第Ⅳ章 役割分担に注意！

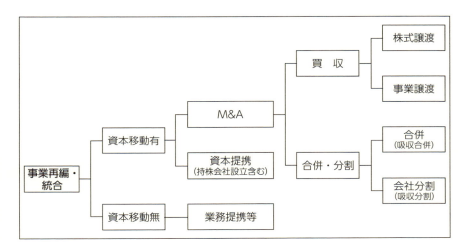

(2) 株式譲渡か事業譲渡か

　株式譲渡と事業譲渡の違いは，文字通り，買収対象が「株式」か「事業」かということになります。株式譲渡は，買い手が対象会社の株式を取得することです。一方，事業譲渡は，買い手が必要な事業に係る資産・負債やその他取引などを個別的に取得することです。両者の違いを比較すると，一般的には次のメリット・デメリットが考えられます。

＜株式譲渡と事業譲渡の主なメリット・デメリット＞

	メリット	デメリット
株式譲渡	・手続きが比較的簡単である。 ・債権者保護手続き，従業員，免許・許認可などの承継の手続きが不要である。 ・個人が株式譲渡対価を取得できる。	・簿外債務などの潜在的なリスクを引き継ぐ可能性がある。 ・必要ない事業も承継する。
事業譲渡	・通常簿外債務を引き継ぐリスクがない。 ・必要な事業を承継できる。	・個々の契約・資産の承継手続きが煩雑である（契約の締結，債権者保護手続きなど）。 ・従業員，免許・許認可などの承継の手続きが必要である。

217

(3) 税務上の有利・不利

税務上の有利・不利を判定するうえで重要な点は，次の2点です。

---
① 個別的な税金の有利・不利
② 横断的な税金への影響

個別的な税金の有利・不利という点では，例えば営業権（のれん）による節税効果がそれに当たります。株式譲渡によった場合，その株式の取得価額（及び付随費用）を貸借対照表に計上して完了になります。一方で事業譲渡の場合，移転する資産・負債の時価評価とは別に，事業全体の時価（換言すると買収価値）を評価します。そして，「事業全体の時価（買収価値）＞個別資産・負債の時価」となる場合，営業権が生じることになります。当該営業権は償却を通じて損金になるため，節税効果が働くことになります。

しかし，個別の税額の有利・不利のみの検討では不十分といえます。例えば，将来的な株式の承継を想定した場合，株式譲渡と事業譲渡とで，買収後の買い手の株式の（税務上の）評価額が大幅に異なるケースもあり得ます。

買い手がA社と仮定して，A社がB社株式を取得してB社を子会社化する場合と，A社がB社の事業を取得する場合を考えます。

株式譲渡で買い手がM&Aの対象会社を子会社化した場合に，第Ⅰ章ケース6で紹介したように，B社の株式価値がA社株式の評価額に直接的に反映されないこともあり得ます。

一方，事業譲渡の場合，A社の貸借対照表，損益計算書にダイレクトにB社の事業（財産・損益の状況）が反映されるわけですから，A社株式の評価額は，B社の事業をそのまま反映することになります[3]。

法人税などの個別税目の有利・不利のみに囚われず，所得税，消費税，相続

3　ただし，税務上の評価では将来価値を測定するわけではないため，例えばDCF法などでB社の事業価値を測定した場合に，税務上の評価額に当該価値が反映されるわけではありません。あくまで，事業譲渡で移管した資産及び負債の時価や事業の利益などがA社の株式価値に反映されることになります。

218

第Ⅳ章　役割分担に注意！

税・贈与税（特に株式の評価など）を横断的に検討する必要があるという点で，マトリックス的思考が必要な分野といえます。

＜買い手から考える株式譲渡と事業譲渡の税務上の有利（◎）・不利（×）＞

	法人税	所得税	消費税	相続税・贈与税
株式譲渡	◎対象会社の繰越欠損金の活用可能性（引継ぎの制限規定を要確認） ×対象会社の税務リスクをそのまま承継する	◎売り手の手元に資金が残るため，売り手の事業承継の出口としては好まれる傾向がある＝交渉が成立しやすい	－特に影響なし（法人株主が売り手の場合，売り手側に非課税売上げが生じる点には注意）	◎対象会社を子会社にする場合，元々の買い手の規模によっては，税務上の株式評価額から子会社株式の評価を切り離せる可能性がある
事業譲渡	◎不必要な税務リスクの遮断 ◎中古資産に置き換わることによる償却効果 ◎のれんを計上する場合の節税効果	×売り手は，売り手の法人へのキャッシュインをさらに個人へ還流させる必要があるため，事業承継の出口としては嫌がられる可能性がある	◎それぞれの取引ごとに課税取引として認識するため，消費税を控除できる	×元々の買い手の株式評価額に買収事業の価値が反映される

　なお，上記は株式譲渡と事業譲渡について，最もシンプルな例から紹介しました。本来は事業譲渡がよいものの，個別的な権利義務の移転がかなり大変なので，株式譲渡にしたい場合などもあると思います。そういった場合，例えば売り手の会社が譲渡したい事業を会社分割によって子会社として分離させ，その子会社の株式を株式譲渡で取得するといったことも実務では選択されます。この場合，分割承継法人において資産調整勘定が生じる可能性があるため，分割承継法人で資産調整勘定の償却に係る節税効果を享受できるケースもあります。

219

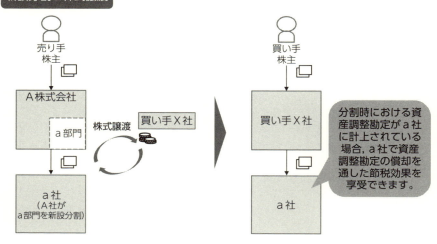

【ちょっと一言】

■M&Aにおける有利・不利の判定

　この例に限らず，M&Aのスキームごとに，税務上の有利・不利が存在します。ケースごとに有利・不利を判定するための税務の書籍も多く出版されていますので，様々なパターンを自分の中にストックしておくことが大切です。選択したスキームによって税額のインパクトが全く異なる場合にはM&Aの交渉に大きな影響を及ぼす可能性もあるため，顧問先からM&Aの進捗などを都度ヒアリングすることが求められます。

第Ⅴ章

なぜなのか？　どうしてなのか？
理由・目的の理解こそが最重要

税法や関連分野を横軸に

		税法					関連分野				
		法人税	所得税	消費税	相続税	その他	会計	民法	会社法	労務	ビジネス
What	対象	第Ⅰ章					第Ⅱ章				
How	手段・程度										
When	時間・期限	第Ⅲ章									
Who (m)	当事者	第Ⅳ章									
Where	場所										
Why	理由・目的	第Ⅴ章									

5W1Hを縦軸に

No.	題　名	項　目
30	まずは理由・目的を確認すべし	税法＆関連分野×理由・目的

1 Whyの論点

本書の最後に，Why（理由・目的）の論点を確認します。これまで様々な論点を確認してきましたが，実はこのWhyの論点こそが最重要であると考えます。

2 専門家が陥りがちな自己満足

私が金融機関で勤務していた時は，主に事業承継・資産承継についてサポートしていました。当時，部署内で分担制のようなものがあり，私は特に事業承継税制を専門にしていたため，租税特別措置法70条の7以降の条文をかなり読み込むような（相当マニアックな）日常を送っていました。その部署にいらしていた顧問の先生は事業承継税制を含む資産税全体のすべてに精通されていた先生で，その先生のおかげもあり，理解が深まったと感じています。

しかし，この点が非常によくもあり，また，悪くもあったと思っています。事業承継の最も大事な点は，先代経営者と後継者，会社，従業員などの全関係者にとって最適なゴールを目指すことであり，その中でまずは目的を聞いて，どのように対応するのかを検討することにあります。しかし，専門家としては，誰も知らないような知識を披露したくて仕方ない。そういった若気の至りもあり，その頃の私は，事業承継税制を活用した事業承継（株式承継）ありきで，組織再編成などを組み合わせたスキームを考えがちであったように思います。

たしかに，事業承継税制を駆使することのメリット・デメリットはたくさんありますが，何が重要かというと，事業承継は事業承継税制ありきではないという点です。言われてみれば当たり前なのですが，この点について案外，勉強している専門家であればあるほど，引き下がれないように思います。

3 商人か職人か

おそらく，税理士や他の士業（弁護士・公認会計士など），もしくは医師・

第Ⅴ章　なぜなのか？　どうしてなのか？　理由・目的の理解こそが最重要

歯科医師といった全く異なる職種であっても，この問いは共通すると思います。すなわち，専門家は商人なのか職人なのかという問いです。ここでの私なりの定義は，次のとおりです。

> 商人：道具はどうであれ，結果的に全員納得すればOK
> 職人：専門知識・技術を突き詰める人

　私個人を当てはめるならば，おそらく職人側です。周りの士業を見ていても，だいたいはこの2つに色分けできますし，納得される方が多いと思います。医師や歯科医師などのお客様と接していても同様で，結果的に患者さんが納得してくれればOKという先生と，この治療には保険診療ではダメで，絶対にこの自費診療が必要であり，（儲けとは関係なく）そこは譲れないという先生がいらっしゃいます。おそらく最適な姿は，職人的なスキルを持ち合わせながら商人的な思考方法を展開することですが，これがなかなか難しいと感じています。

4　まずは聞くこと。理由・目的と事実の確認こそが最大のヤマ場

　しかし，商人であれ，職人であれ，もしくはその両方であれ，最初にすべきことは依頼主の悩みをよく聞いて，その理由・目的と事実関係を整理することであると思います。そうしないことには，依頼主が納得するまでのロードマップを描けませんし，その中でどの道具を使用すればよいかわかりません。

　そのためには，じっくり聞くこと。これに尽きると思います。そして，様々な観点から聞いて，考えること。これが本書で散々書いてきたマトリックス的思考の行き着く先です。

<登場人物紹介>

人　物	性格・背景	ケース
税理士Ｉ先生	独立10年目の税理士。勉強熱心だが，早とちり。もう少し俯瞰して物事を見たいと日々反省。	*30*
従業員Ｓくん	Ｉ事務所の従業員。根はまじめだが単純＆強気。根拠なき自信でＩ先生がたじたじになる。	*30*

223

ケース30

まずは理由・目的を確認すべし
―税法＆関連分野×理由・目的―

		税法	関連分野
Why	理由・目的	○	○

<ケースの概要>
これまでの章では，いろいろなケースについて，様々な横軸をベースに取り上げました。「引き出しを増やしましょう」ということなのですが，最後にその「引き出し」の使い方の根底にある思考方法を探りたいと思います。

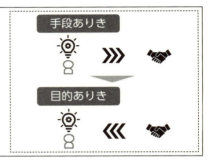

Case

Sくん：先生。相続対策ってどうやってやるんですかね？
I先生：急にどうしたの？
Sくん：いやー。いろいろな本が出ていて，あれやこれや書いてあるじゃないですか。何が何だかわからなくて。
I先生：なるほど。いい着眼点だね。
Sくん：どういうことですか？
I先生：相続対策に限らずだけど，結局は理由・目的ありきってことだよ。
Sくん：？？
I先生：お客さんの話をよく聞いて，結局何が希望なのか，何が目的なのかを聞くこと。そこから逆算して，必要なことをいろいろな軸から横断的に考えることがすべてだよ。
Sくん：ふーん，目的ありきですか。目的地がわからないと，電車なのか，タクシーなのか徒歩なのか，わかりませんもんね。
I先生：（私の説明より，よっぽどわかりやすい……。）

224

第Ⅴ章 なぜなのか？ どうしてなのか？ 理由・目的の理解こそが最重要

1 落とし穴＆ポイント

いろいろな本が出ていて，あれやこれや書いてあるじゃないですか。何が何だかわからなくて。

ここがポイント

まずは，お客様の目的・ニーズを聞くことが最重要です。そのうえで，いろいろな本に書いてある「あれやこれや」を取捨選択して活用すべきです。

2 ポイントの整理

(1) 専門家とは

　専門家にとって一番大切なことは何でしょうか。資格でしょうか，経験でしょうか，知識でしょうか。私が思うに，一番大切なことは，お客様が自分自身で把握していない理由・目的を整理して，お客様がしたいようにする，その方向が間違っているならば自分の専門分野に照らして軌道修正していくことです。

　賛否両論あれど，私は，税理士をはじめすべての士業はサービス業であると思います。そうすると，サービス業である以上，まずはお客様ありきで物事を考えるべきであると思います。

225

(2) よくありがちな質問

よくありがちな質問は相続対策（資産承継・事業承継対策）についてです。相続対策は，「評価」「分割」「移転」「納税」の4つをバランスよく考えて決定すべきですが，ときたま受ける質問に次のようなものがあります。

> 先生，相続税を下げるにはどうすればよいですか？

額面通り受け取れば，相続財産の評価額を圧縮すればよいのですから，現金を不動産に変える，さらに不動産を現物出資するなどして不動産管理会社を設立し，株式に変えるといった方法が考えられます。もしくは，現金を生命保険に変えて非課税枠を活用する，養子を取って基礎控除を増やすなど，アグレッシブな方法も含めれば，様々な方法があります。

しかしながら，現金ほど分割しやすくて，管理がたやすい資産はありません。子どもとの関係にもよりますが，不動産にすれば分割しづらいことになり，共有化して，かつ，その下の代にまで承継が進むと，収拾がつかない状況になります。

まず解決策を考える前に，立ち止まって，

> 相続税を下げたい
> ⇒ なぜ下げたいのですか？ その結果，どうされたいのですか？

を質問していくと，
・子どもの生活の助けになってほしい
・子どもたちが諍いなく相続し，ときたま亡き親を思い出すくらいであってほしい
など，素朴な目的に行き着くことがあります。

そうなるとしめたもの，あとは兄弟の納得感を最優先することを目的として，4つの論点を掘り下げていきます。例えば，評価の論点を犠牲にしてでも，現

第V章 なぜなのか？ どうしてなのか？ 理由・目的の理解こそが最重要

金（あるいは流動性の高い資産）のままにしておいて，分割対策（遺言など）をきちんと整備するといったことを最優先にすることも一つかもしれません。そして，思いついた手法について第Ⅰ章から第Ⅳ章までで紹介したマトリックス的思考を使いながら，漏れなく，重複なく手続きを進めていくことになります。

結局は，理由・目的ありきで最適なゴールを見つけて，そのゴールに到達するために障害となりうる論点を漏れなく，重複なく整理していけば，自ずと正解にたどり着くのだろうと思います。

■自戒を込めて

最後のケースでは，自戒を込めてWhyの論点，すなわち理由・目的について取り上げました。私自身陥りがちなのですが，専門家は自分の得意分野に話を持っていきがちですし，自分の得意分野で物事を考えがちです。やはり，かっこよくて，独創的で，知的好奇心を満たすような，誰も思いつかないスキームをひらめいた瞬間は，専門家としては気分がいいものです。しかし，自己満足で飯は食えません。

また，他には「この方法が，一番経済合理的である」といった回答にも陥りがちです。たしかに税務のプロである以上，経済合理性（要するに，一番お金が残る方法）は非常に重要です。しかし，最重要ではないと思います。最も重要なことは，お客様がしたいようにすることを税務の面から適切にサポートす

227

ることであり,もしかすると経済合理性は二の次かもしれません。

　まずはWhy(理由・目的)を設定し,その課題を明確にする。あとは,その課題についていろいろな視点(税務,関連分野,いつ,どこで,誰が)から細分化していき,新たに発見した論点について,その理由・目的ごとにさらに分解して論点を設定して,解決していく。この一連の工程を繰り返していくことで,ゴールに到達することができると思います。その道具として,第Ⅰ章から第Ⅳ章で取り上げた思考アプローチを活用することになるのです。

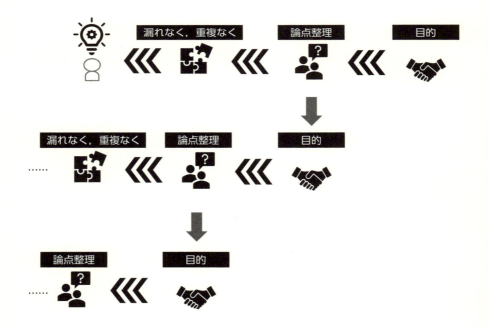

【著者略歴】

石毛　章浩（いしげ　あきひろ）

公認会計士・税理士
石毛総合会計事務所代表
株式会社しほうコンサルティング　代表取締役

2007年早稲田大学政治経済学部経済学科卒業
2009年早稲田大学大学院会計研究科修了（税法を専攻）
2006年に公認会計士試験合格後，大学院に通いながら新日本有限責任監査法人（現EY新日本有限責任監査法人）に非常勤職員として入所。その後，税理士法人プライスウォーターハウスクーパース（現PwC税理士法人），㈱野村資産承継研究所・野村證券㈱を経て独立開業。公認会計士実務補習講師（担当：税法）や早稲田大学商学部講師（税務会計論）などを歴任。

主要税目×会計×法律×ビジネスで検討漏れ・ミスを防ぐ

「税務マトリックス」ケース30

2024年12月30日　第1版第1刷発行
2025年7月5日　第1版第4刷発行

著　者　石　毛　章　浩

発行者　山　本　　　継

発行所　㈱中　央　経　済　社

発売元　㈱中央経済グループ
　　　　パブリッシング

〒101-0051　東京都千代田区神田神保町1-35
電話　03 (3293) 3371 (編集代表)
　　　03 (3293) 3381 (営業代表)
https://www.chuokeizai.co.jp
印刷／三英グラフィック・アーツ㈱
製本／侑井上製本所

© 2024
Printed in Japan

＊頁の「欠落」や「順序違い」などがありましたらお取り替えいた
しますので発売元までご送付ください。(送料小社負担)
ISBN978-4-502-52281-9　C3034

JCOPY〈出版者著作権管理機構委託出版物〉本書を無断で複写複製 (コピー) することは,
著作権法上の例外を除き,禁じられています。本書をコピーされる場合は事前に出版者著
作権管理機構 (JCOPY) の許諾を受けてください。
　JCOPY〈https://www.jcopy.or.jp　eメール：info@jcopy.or.jp〉